中国人民公安大学外国警学译丛



# 警务工作中的决策

## Decision Making in Policing

[瑞] 皮埃尔·阿佩利 Pierre Aepli
[瑞] 奥利佛·雷布 Olivier Ribaux　著
[加] 埃弗瑞特·萨摩菲尔德 Everett Summerfield

曾玛丽　王海涛　张伟珂　朱　群　李春华　译

中国人民公安大学出版社
·北　京·

著作权合同登记号　图字：01－2016－6486
图书在版编目（CIP）数据
警务工作中的决策／（瑞）皮埃尔·阿佩利，（瑞）奥利佛·雷布，（加）埃弗瑞特·萨摩菲尔德著；曾玛丽等译．—北京：中国人民公安大学出版社，2016.8
书名原文：Decision Making in Policing
ISBN 978－7－5653－2707－0
Ⅰ.①警…　Ⅱ.①皮…②奥…③埃…④曾…　Ⅲ.①公安工作—决策学—研究　Ⅳ.①D035.3
中国版本图书馆 CIP 数据核字（2016）第215041号



# 警务工作中的决策

［瑞］皮埃尔·阿佩利 Pierre Aepli
［瑞］奥利佛·雷布 Olivier Ribaux　　著
［加］埃弗瑞特·萨摩菲尔德 Everett Summerfield
曾玛丽　王海涛　张伟珂　朱　群　李春华　译

出版发行：中国人民公安大学出版社
地　　址：北京市西城区木樨地南里
邮政编码：100038
经　　销：新华书店
印　　刷：北京市泰锐印刷有限责任公司

版　　次：2016年10月第1版
印　　次：2016年10月第1次
印　　张：13.25
开　　本：787毫米×1092毫米　1/16
字　　数：238千字

书　　号：ISBN 978－7－5653－2707－0
定　　价：75.00元

网　　址：www.cppsup.com.cn　www.porclub.com.cn
电子邮箱：zbs@cppsup.com　zbs@cppsu.edu.cn

营销中心电话：010－83903254
读者服务部电话（门市）：010－83903257
警官读者俱乐部电话（网购、邮购）：010－83903253
公安业务分社电话：010－83905672

# 前 言

现代史上最具盛名的虚构侦探夏洛克·福尔摩斯曾说过一句很著名的话：“演绎过程是一个‘基本的’过程。”以我从警四十年的经历，我倒不认为这句话说出了事实。在应对各种问题及在确定最佳行动步骤时做出恰当正确的决策，也许是我需要做出的最困难的事情了。

在我的职业生涯中，我曾经做过成千上万个决策，从最初担任巡警的日常工作，到成为商业犯罪部门初级警官后承担分析任务，以及在各种各样的管理职位上所做的工作。当然，这也包括我担任加拿大皇家骑警总警监时所度过的充满挑战的六年，那时我的职责是监管从社区警务到国家安全领域内所有类型的行动。

当我阅读这份无比详尽的文献时，让我深受触动的是：如果当年我能接触到这样一份出色的参考表和培训文献的话，那该是多么大的帮助啊！我可以设想出许多使用这份文献的方法，并且在考虑制定、修改、应对决策时参考它；或者在我们进行的一些常规活动（如在侦查活动或者战术行动完结以后的调查分析活动）中将它作为分析指南。同时，这本书也可以帮助我把至关重要的技能和知识传授给那些我有责任培训和管理的警员。

然而，当我花更多的时间仔细阅读这份文献，思考在“前言”里说些什么时，我发现自己同时也在思索：除了协助并推动警务行动的显著作用以外，这本书的战略价值是什么？

在过去大约十年间，我开始把工作和思考的重点放在系统问题，甚至是哲学问题上，而不是沉溺于以往的行动问题中，尽管有过于简化的危险。关于执法工作应如何发展，我所做的结论围绕着两个关键概念：情报主导方法和综合警务。当我一遍又一遍地阅读这本书中的材料时，一个包含循环推导的事实浮现出来，这一事实直抵警务发展的核心：

- 好的决策可以使警官和警务组织接收到原始信息并通过评价、分析、检测和评估等过程将其转换为情报。

• 反过来说，有效的情报可以在行动、管理和战略层次上指导警官和警务组织做出良好的决策。

了解有效决策制定的所有要素、学习如何驾驭和使用他们，可以为执法部门在各个层次上和不同管辖领域内所广泛采纳的情报主导方法提供必要的基石。全面实施情报主导的警务工作，会从根本上改变在各种各样的背景下制定决策、分配资源和打击犯罪活动的方式。

对我来讲，尤其令人激动的是，书中所呈现的决策范例具有普适性。这是一个非常通用的指导程序，不仅可以在第一世界国家大型的城市中心部门得到有效应用，也可适用于第三世界国家某个乡村的小规模警力。这恰恰就是我们所需要的，能够使我提出的“21 世纪执法平台”中的第二个平台成为现实。

综合行动，或是战略方针的设置，能够把来自各种不同背景的管理者和警员聚集在一起。对于执法团体来说，没有什么是比正确定位自己更为重要的了，这种定位的目的是联合起来应对恐怖主义、全球有组织犯罪、环境与生化危机，或网络犯罪的种种“新”现实。与来自其他国家的人们，甚至是和毗邻城镇的警务力量一起工作是一回事，而大家作为一个单位共同工作，并创造一种综合警务所需的无缝联结的程序，则完全又是另一回事。如果大家在决策制定过程中分享共同的参照点，那么这将非常有助于我们在迈向真正的综合警务工作过程中跨越我们必须应对的障碍。

当我最初被邀请为《警务工作中的决策》这本书撰写前言时，我以为要做的就是为某份用心写就的培训资料说点好话，这份资料与警务发展的某个重要元素相关。然而我没想到的是，这本书作为一门实实在在的工具，事实上可以为警务执法的未来创造更加美好的存在愿景，而这一点正是许多人已经谈论多时的。

我相信《警务工作中的决策》具备潜力成为执法部门的重要参考文献，其势必将改变我们的思考方式以及制定决策方法论的标准。更为重要的是，该书为在全球范围内实施情报主导和综合警务提供了战术框架，而终点就是我们前进的方向。因此，每一个曾经宣誓效忠国家和国民的人，都能够成为安全和治安事业最有效的推动者，让我们同心协力参与其中。

朱利亚诺·萨卡德利〔1〕
2010 年 8 月 27 日

---

〔1〕 朱利亚诺·萨卡德利是国际刑警组织策略规划署负责人，他曾经在加拿大皇家骑警服役近 37 年。自 2000 年起直到 2006 年从加拿大皇家骑警退休期间，他一直是该机构的总警监。多年来他一直倡导呼吁推动地区、国家、国际层面的情报主导和综合警务，以应对全球化有组织犯罪，以及处理各种公共治安和安全事务。

# 序

几年以前，在担任民主监督武装力量（DCAF）日内瓦中心的顾问时，皮埃尔·阿佩利接受了一项工作，即组建一个名为情报、风险分析及调查的工作小组，该小组附属于DCAF在东南欧的边防安全项目，其目的是协助东南欧国家的政府建立可靠有效的边境安全系统。为此，DCAF及其伙伴开发了一个项目，旨在辅助从国家能力建设到地区行动合作机制发展等各方面的工作。这个情报工作小组的目标是：搭建构架，制定方法和程序，通过整合情报分析改进决策的制定和合作过程。

作为工作小组的另一位成员，奥利佛·雷布曾经在皮埃尔·阿佩利领导的警务部门里负责情报、风险分析的导入工作，他还在洛桑大学教授犯罪与物证鉴定情报。皮埃尔和奥利佛，以及爱沙尼亚和芬兰的两位边防警卫官英奇·林萨与马可·萨瑞克斯，他们分别在过去几年中策划并组织了三场系列研讨会。

在研讨会中，尤其是在活动的准备、实施、汇报阶段获取的一些经验，使我们明确了将情报整合到决策过程的必要性。皮埃尔和奥利佛决定走出研讨会，充分利用他们的职业和课程经验，针对这一问题撰写一本书。最初他们着重关注情报在决策制定中的作用，但是他们很快就明确了真正的主题，即决策过程本身。在这个过程中，情报依然是首要因素。但是本书的作者们观察到，强调过程的不同阶段并且将情报置于组织环境下可以带来诸多好处。如此操作，才能在处理策略、结构和领导权这些问题上取得进展。

本书的第三位作者埃弗瑞特·萨摩菲尔德是加拿大皇家骑警的总警司，临时借调到DCAF。他在本书的准备阶段提供了非常有益的全新视角。这本书的成功结稿，有赖于大家之间深厚的友谊、超凡的专业素养、出色的协作，以及对交稿期限的绝对遵守。

为了方便读者使用，《警务工作中的决策》的结构分为三个层次。在介绍警务决策的基本情况和现有方法时，本书提供了理论元素。为了避免内容过于抽象，本书在说明概念时，通过描述实际场景进行了案例研究。最后，本书还使用了大量图表，目的是把作者的个体经验与理论阐释进行综合。此外，这些图表还可以作为参考清单使用，协助决策制定者拟定周密的工作流程。

作者将《警务工作中的决策》一书献给警务系统中各个层次的管理人员，相信本书会有助于他们处理日常工作。此外，本书有意为所有对了解、组织和改进执法活动感兴趣的人提供一个全新、丰富的视角。

皮埃尔·阿佩利
奥利佛·雷布
埃弗瑞特·萨摩菲尔德

# 谢 语

感谢从开始到最后为成就这本书做出贡献的每一个人。

非常感谢日内瓦民主监督武装力量（DCAF）和瑞士洛桑大学犯罪科学学院（ESC），这项工作正是由这些机构合作推动的。感谢支持该项目的DCAF行动主管达科·斯坦斯克，以及提出宝贵建议的DCAF边境安全项目主管奥弗尔·安德鲁斯。

本书提到的很多实验都是由瑞士沃州警察局主持完成的。

在这样一个项目中，有许多参与者与推动者为此投入了大量的时间和资源。特别感谢英奇·林萨、马可·萨瑞克斯，以及其他在DCAF“巴尔干地区边境保卫安全情报”项目框架内所组织的研讨班的贡献者和参与者。我们不仅感谢昆汀·罗塞和希尔维安·艾奥塞特为本书制作图表，还十分欣赏尤里·科若伯夫斯基和克里斯托弗·桑顿（DCAF）所做的工作。我们还要向负责本书多次审稿及参考书目审查的丹妮拉·阿贝都·纽恩斯旺达（DCAF），以及向我们提供有用文献的阿伦·贝贡佐利上校表示衷心的谢意。还要感谢阿勒罗·奥克罗都都与尼古拉斯·马格特参与最初几稿的审核，以及阿历克斯·卡拉加斯对于文本的专业复核。谢谢朱利亚诺·萨卡德利为本书撰写了前言。

我们十分感谢你们所有人对于这个项目所做出的贡献。

皮埃尔·阿佩利

# 作者简介

本书的三位作者在警察事务方面都有丰富的经验，他们在不同层面上（国际国内）和不同领域内（警察、军事、商业和学术界）活跃于信息与决策体系的运用和发展活动中。三人合作的意图在于帮助本书的读者提高对在警察组织内部建立有效决策过程之重要性的认识。

**皮埃尔·阿佩利 Pierre Aepli** 在一家私营公司担任总经理十六年，负责数家海外附属机构的事务。1982 年至 2002 年，他担纲瑞士沃州数千名警察的领导。他担任瑞士警察部门的协调机构“瑞士警察主管联合会”的主席多年。他在瑞士发起和实施了州与全国一级的多次改革。2003 年退休后，他担任瑞士指导委员会主席一职，负责 G8 高峰会的组织任务，并在巴尔干地区、前南苏维埃共和国、印度尼西亚和巴勒斯坦地区代表瑞士、欧洲安理会以及“日内瓦武装力量民主控制中心”执行各种国际任务。

他拥有政治学学位和瑞士洛桑国际管理发展学院（IMD）的文凭，他还是弗吉尼亚匡蒂科 FBI 国家学院的毕业生。他曾在洛桑大学的刑事科学学院教授警察管理课程，还曾在瑞士军队的一个步兵团担任过上校指挥官。

**奥利佛·雷布 Olivier Ribaux** 目前是瑞士洛桑大学刑事科学学院的教授。具有数学专业背景的他，之前曾在私营企业和瑞士警察部门从事软件开发工作。获得博士学位以后，奥利佛在沃州的警务部门从事了八年的犯罪分析和司法证据情报研究工作。在此期间，他在数个瑞士警察部门的协议框架内研发出犯罪情报的方法和工具。他还为包括“日内瓦武装力量民主控制中心”在内的若干个国际组织充当过顾问。他撰写过许多获得同行认可的学术论文和有关警务、犯罪情报以及证据科学的专著。

**埃弗瑞特·萨摩菲尔德 Everett Summerfield** 任职加拿大皇家骑警的总警司。在三十六年的从警生涯中，他在加拿大各地担任过各种职务和指挥工作。

他在科索沃和阿富汗分别执行过联合国和欧盟警察特派团的任务。1974 年在加入加拿大皇家骑警前，他曾在加拿大军警部门服务过六年。他具有运筹警务、运筹援助、行政与高级执行管理方面的丰富背景。目前他被借调到“日内瓦武装力量民主控制中心”担任警察项目部主任，该项目为警察机构的领导与管理提供了策略方面的指导。

# 目 录

# 引 言

每一位警察在日常工作中都需要作出决定，即必须在解决问题的不同方案之间作出选择。这些决定的后果可能微不足道，也可能对他人的生活产生重要影响。由于时间、信息、分析能力的缺乏，合理的决定常常被未能料及后果的本能反应所取代。虽然我们没有办法确保在任何情况下都能作出正确的决定，但却有可能通过选定合适的人员并通过教育和培训使其具备一定的素质和能力，从而降低产生不良后果的风险。要达到这种程度，一个清晰的决策过程必不可少，其不仅应当降低糟糕决定的风险，还应当提供在危机时刻可以遵循的有益方法，以使可能发生的混乱状况得到一定程度的控制。在此背景下，特定决策方法论的运用有着相当大的优势，这也是本书的写作意图。

本书旨在使读者了解决策过程所涉及的各个方面。它的首要目标是提供一种全方位的决策方法论以及提出对那些需要在执法环境下作出决定的人员有所帮助的重要因素。书的内容不受个体发挥作用时所处的级别的限制；决策过程级别始终是一致的。据此，本书着重于系统论述决策过程的四个阶段，不仅详细地研究了每个阶段，而且还考虑到决策过程发生的更广阔的背景，尤其是操作环境。此外，本书在对诸如操作结构、策略、指挥等问题进行探讨的过程中运用了真实案例，使其既能为专业学者提供参考，也能为从业人员所用。书中取自军事和商业界的做法和范例关系到决策方法论可应用的广度。诸多此类的实践与方法——尤其是对操作和行政事务的管理——已经融入了警务工作的框架中。

本书的首要任务是勾勒出有可能改善决策过程的要旨，并指出在考虑改进的可能性之前需要满足下列条件：

- 提出一套方法论，作为对决策过程完整性的补充。
- 制定和实施决策的目标、方法与手段之间要有连贯性。
- 明确界定不同参与者的职能与责任，以及他们在决策过程的不同阶段所发挥的作用。
- 恰当的组织结构、策略、领导方式和指挥过程对决策过程的支持。

• 认可信息在决策过程的所有阶段所发挥的关键作用。

• 识别出决策过程中存在的偏见与障碍。

本书强调“信息”在整个决策过程中的根本作用。尽管这里所说的“信息”的特定含义在稍后的章节中有详尽的说明，但作者认为有必要首先强调：虽然以情报为主导的警务十分盛行，但只有在将情报整合到决定、实施和评估的整个过程的条件下，它的价值才能得到充分实现。因此，以情报为主导的警务不是一个孤立的概念，它并不与其他警务模式——如以问题为主导的警务和以社区为主导的警务——形成对立，而是与其互为强化。例如，以情报为主导的警务是一个自上而下的模式，而以社区为主导的警务则为自下而上的模式。这些不同模式的整合——被设想为一种能实现更高效率的手段——不仅必须通过在警察队伍内部贯彻落实情报制度来实现，还必须转化为组织结构、秩序、领导方式和培训项目。

本书的其他价值在于其完整和系统的方法，即将决策置于更广阔的背景下，以及发现其中所涉及的作用因素。每一个特定过程的复杂性自然仰赖于决定的类型和决策的层面，但在大多数情况下，基本的方法是一致的。

书中的每一个章节遵循以下内容结构：

• 简短介绍。

• 理论部分。

• 方法的实际应用、表格、核对清单以及实例。

• 要点和对最有可能在实施阶段导致风险或有利于成功的要素的概要说明。

# 1 基本原理

## 宗 旨

本章就不同的议题提出了一个在随后的章节中需要进一步拓展的总体框架。基于警察组织如同其他任何组织那样运用系统进行运作的事实，我们采用了一种系统方法。决策过程因此代表着构成更大系统的运作机制的一部分。

## 1.1 结构

本章的第一部分介绍系统方法，解释系统是什么以及它是如何运作的，接着会描述决策过程，尤其强调了决策所需的组成部分，以及在实现最终结果的过程中各因素间的整合。随后，本章介绍了几种不同的决策类型，并剖析了信息在影响每一项决策时所起的作用，同时还探讨了有可能使决策过程扭曲的潜在风险和问题。本章结尾明确提出决策者应当参考的导致成败的关键因素。

## 1.2 系统方法

### 1.2.1 什么是系统

系统是为实现一个或多个目标组织起来的相互作用并与环境产生互动的因素和参与者。

**系统的概念以及运行**

系统的概念包括以下因素（图 1.1）

- 系统环境，可以被分为：

–跨国环境；

－一般环境：被认为是系统内各作用因素与其直接互动的邻近环境；

－系统（包括其子系统）的不同因素在其中相互作用的事务性环境。

• 产生于系统外部和内部环境的输入：威胁、需要、要求、预期、支持、资源、信息、精力。

• 系统的组成部分——它在社会与人类系统中的形成性参与因素——及其相互作用。

• 使系统得以运作、学习和调整的机制。

• 由系统产生的输入，该输入必须消除系统所面临的威胁，满足系统的需要、要求和预期（服务、产品）。

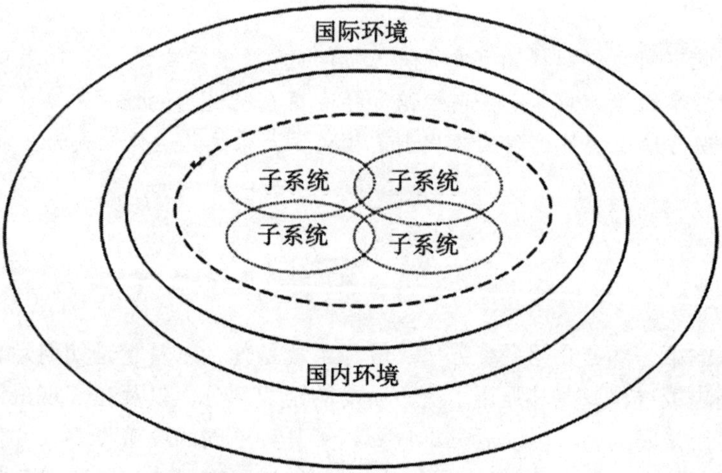


图 1.1　系统及其要素

**系统的特征**

图 1.2 表述了系统的运作方式。

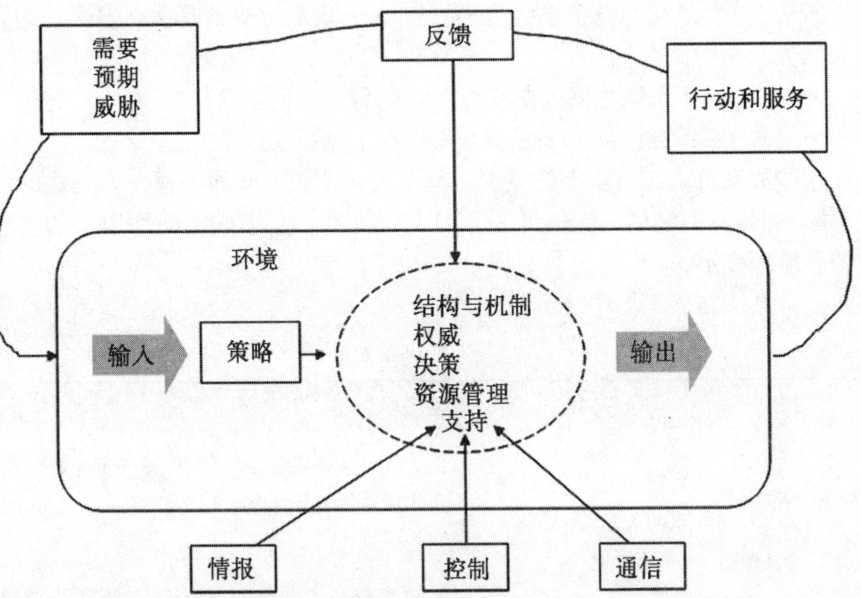


图 1.2　系统的运作方式

图 1.2 的系统接受来自更广环境的输入，再通过各种机制和程序将其转化为输出。对交付的行动与最初的需要和预期（输入）进行比较，以便做出必要的更正和调整。

**系统可以是封闭或开放的**

如果系统内的作用因素不与外部环境产生互动，该系统则是封闭的。社会或人类系统一般不会如此，它们是开放性的系统，不停地与其他系统发生密切联系，这一类开放系统可以被视为更大系统的子系统。系统由不同部分组成（如个体、群体、组织或机构），这意味着在研究某一系统时，要看其组成部分以及它们的结构，它们在该系统内的关系及其与外部系统的关系。研究者也要分析系统的目标和组织方式（如层级式的），以及参与系统性输出的生产与传递的机制与过程。

**系统的内部互动和与外部系统的互动**

识别系统内的互动和与外部系统的互动至关重要，因为它们关系到系统是否有效和经济。

互动在四个层次上产生：

- 层次 1：系统与超系统之间（如安全系统与政治环境之间）。

• 层次 2：系统与其子系统之间（如安全政策与交给军队、警察、边防警卫的任务之间的关系）。

• 层次 3：子系统之间（如警察与边防警卫之间的合作）。

• 层次 4：系统内部（如在参与者层次上进行的改革）。

这些关系可能有本质上的差别：非正式（个人之间的关联）与正式的（受程序影响的）。同样的，它们可能会因人、技术、方法或组织性质上的各种因素的影响而变形。

安全系统在表 1.1 中显示。

**表 1.1　安全系统**

| 层次 | 关系 | 问题类型 | 行动 |
|---|---|---|---|
| 系统与超系统 | 系统与超系统间的双向关系 | 对更大的系统内部发生的变化以及因此产生的影响的识别 | 国家安全政策的调整（国家与国际层面的影响） |
| 系统与子系统 | 系统与子系统间的双向关系 | 对子系统造成的影响，与系统一级发生的变化有关 | 对安全系统参与者的任务、角色、资源的可能调整 |
| | | 由于子系统的资源与权限的限制而需要在系统中加以考虑的后果 | 对国家安全政策的可能调整，与子系统的制约相关 |
| 子系统之间 | 安全系统作用因素内部的横向关系 | 对子系统之间合作的性质与程度的影响 | 对子系统之间合作的程序与机制的可能调整 |
| 子系统内部 | 子系统的不同部分（单位）之间 | 对子系统内部的战略、结构和程序在适应环境变化方面所产生的影响 | 结构上的改革，与新出现的环境变化或作用因素之间的关系相关<br>由相关子系统采取的必要措施 |

### 系统的界限

有必要将系统与更广泛的环境区分开来。找出这些界限能使我们区分哪些属于系统而哪些不属于。如果说机械系统的界限容易识别，相比之下，人类系统界限的确认难度则要大得多。我们怎样才能确定这些界限呢？

系统的界限不是一成不变的。更大环境的演变影响着系统内的作用因素所面临的威胁、需要或预期，新的作用因素可能会出现，或者为了应对特殊的发展变化，可能需要对有关机制做出相应的改变。每一个系统必须定期调整其目标、输出（产出）和运作方式，以适应环境的变化。例如，私人保安公司扩展业务，从事安全系统领域新型和敏感的活动，这对于现有管理制度和其他参与者的角色产生影响。比如，警察可能会将特殊的监控任务转给私人承包商；许多情况下，法律需要修订。同样的，结构与机制也可能需要调整：我们可以在通信的发展变化中找到实例，这与媒体和公共舆论在所有的安全问题上日益发挥的重要作用有关。

**个案研究：国家安全体系**

以国家安全体系为例作为个案研究的开端对我们是有帮助的。这一体系为何存在？国家安全体系的作用是确保对国家领土的捍卫和相关社会的安宁，保护公民及其财产，维持社会秩序，阻止犯罪（必要时识别、逮捕违法者，并将其绳之以法），保卫国家及其机构。鉴于该目标的宽泛定义，这一系统的范围会有所变动。例如，人类的安全理念包罗万象，其中包括社会、经济或健康安全，它比侧重于以国家为中心的内外安全议题的安全理念更为宽泛。当目标确定下来以后，下一步是确认促成目标实现的参与者。随后，我们可以把相关领域的范围界限与这些参与者对应起来。如果安全是指旨在实现国家内外安全的政策，那么我们便可以把警察、军队、边防警卫、情报服务机构以及私营保安公司归类为相关的参与者。如果偏重更宽泛的定义，我们需要将应对健康和社会服务等其他政策层面的因素包括在内。

参与者之间的互动与合作，以及他们在系统内的定位，也可能会受到影响。在欧洲，《申根协议》[1]在许多国家导致原边防警卫与警察的合并。人们所觉察到的犯罪与恐怖活动的增长也促使好几个国家的军队与警察之间展开合作：制订海盗警戒计划的法国尤其如此，而意大利在许多打击黑手党的行动中调集军队协助警察。由于受不断变化着的环境的影响，系统所面临的限制和挑战也是变动不定的。为了确保效率和效能，需要警觉地针对正在发生变化的环境做出调整[2]。

---

〔1〕 通过《申根协议》，比利时、法国、德国、卢森堡和荷兰同意逐渐在其共同边境解除控制，并开始允许协议签署成员国、其他成员国或第三方国家的国民自由流动。自1999年起，此协议构成欧盟的制度与法律框架的一部分。随着时间的推移，《申根协议》的覆盖范围扩大至十五个老成员国：两个非理事会国家——爱尔兰与挪威——自1996年起也已经纳入申根区域，尽管他们在决策方面仅起到有限的作用。瑞士从2008年开始加入申根区域，与挪威和爱尔兰的地位相同。

〔2〕 "有效性是成功的基础——效率是获得成功后继续生存的最低条件。效率关系到正确地做事；有效性是做正确的事"。出自《管理、任务、责任与实践》，彼得·德鲁克（Peter Drucker），日内瓦德玛斯出版社1974年管理版（欧洲），第45页。

**系统的结构**

设计系统结构，包括组成部分，这是一个首要问题。鉴于一个国家的政治结构或历史所形成的制约条件有可能极大地限制在警察组织范围内可以实现的改革的种类，“结构遵从策略”的基本原则并不总是适用的。例如，由于政治权利的分散化意味着州（或行政区）一级的政府有可能会反对他们所认为的权利集中化，将地方警察并入联邦体系——如美国或瑞士——的所有尝试都是十分困难的。因此，安全系统关心的主要问题之一应该是在保持集中化和分散化的两类因素之间找到最佳平衡状态；这一问题的答案依据特定的国内环境而变化。

**系统的机制**

每个系统的要求之一是运作效率。要实现这一目标，必须满足一定量的条件。系统的目标必须确定和转化为清晰的任务，系统结构和工作程序必须能够以可用的手段来满足这些目的。表 1.2 显示系统的操作所必需的某些机制。

我们在此对系统机制提出的挑战作出总结：

- 管理与（作为输入来源和输出对象的）环境之间的关系。
- 以有效的方式进行组织。
- 通过适应现有环境和随后的变化来确保生存（这是私人与公共系统的关键差异）；前者对环境的不适应导致其消失，后者的不足则仅使其效率有所欠缺。

**系统的效率**

系统的效率可以用三个衡量标准来衡量。第一个衡量标准是系统产生的输出与需要应对的威胁、预期和需求是否一致。第二个衡量标准是这些输出的生产效率与效能将是评估的一个重要因素。第三个衡量标准是系统适应新的环境挑战的能力——系统的灵活性。

表 1.2 系统的机制

| 机制 | 目的 | 备注 |
|---|---|---|
| 权威与决策 | 分配/委任权力，使决策方式程序化并确定目标 | 一个清晰的指挥链会避免无效和相互竞争的结构 |
| 协调程序 | 确保系统和各部分或子系统的有效合作 | 出现在子系统内部以及子系统与系统之间 |
| 资源管理 | 以最恰当的方式分配资源 | 两种主要结果可以预料：资源管理的较低成本和较高灵活度 |
| 情报加工 | 收集和分析系统与子系统的重要情报；向系统内外的个人发布情报 | 情报控制和通信共同构成信息系统 |
| 控制过程 | 形成一个对行动、服务和输出予以监督与评估的控制机制 | |
| 沟通过程 | 确认和了解合作者以及外来合作伙伴的需求与预期。使其知晓项目、行动、问题和结果方面的信息 | |
| 文化过程 | 加强参与者对系统的忠诚度和与目标的一致性 | |
| 学习过程 | 指导对系统过程和行动做出必要修正 | |

## 1.3 连贯的决策系统

决策过程是系统的运作至关重要的机制之一。

### 1.3.1 基本决策模式

要解决问题就必须作出决定。因此，作出决定的第一步，是在区别征兆与起因的过程中，承认有问题存在，并尽可能准确地阐明问题，以便制订出适当的解决方案；第二步，是列出和评估不同选项并作出决定；第三步，是实施选定的解决方案。完整的过程应当有一个评估程序，这是我们在本书的第二章将会更加详细讨论的基本决策模式。

我们不能否认作出十分合理的决定是很难的。然而，一种关于理性决策方法制定的训练具备许多优点，这一过程有助于协调一个组织处理决定的方式，促进组织的各参与者按照共同的方法进行合作，加快行动的筹备与实施，减少不良决定的风险。

在这一阶段，可以清晰地说明将在第一章的其余部分加以扩展的一般方法的性质具有重要意义。虽然图 1.3 所提出的基本决定框架——分析、决定、部署、评估——在用于不同情况时保持不变，但其方式是由所针对的问题类型（管理的、操作的、人员的或技术的）而决定的。无论是信息的收集还是资源的部署，抑或是策略的使用，也要因具体环境而定。

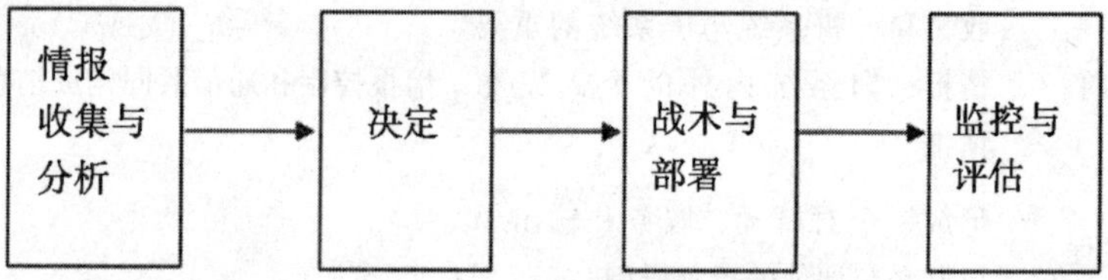


图 1.3　决策操作链

## 1.3.2　连贯的重要性

连贯的概念在决策过程中尤其十分重要。图 1.4 确定了促成连贯的一般条件。它们来源于三个因素的逻辑互动：目的、方法与手段。目的是使问题被认为正在得到解决而需要完成的任务；方法是实现一系列目标的可能选择；手段是可供使用的资源。例如，一名警察局局长为了减少聚集在火车站附近的贩毒活动可能会决定采取行动。局长设定行动计划的目标，确定使用的策略，以及分配必要的资源用以支持该行动。

目的与方法和手段的关系并非理所当然地呈现出单向性；我们并不能总是首先确定目标是什么，然后在分配必要的资源以前决定如何实现目标。在考虑可能会影响目标选择的制约因素或实现目标的途径的同时，需要明确地解释目的。同样的，方法的选择取决于可用资源的类型。不过，至关重要的是，选中的解决方案要确保手段与实现既定目的的方法之间的连贯性。如先前的例子所显示的那样，如果那名警察局局长在没有分配或获得充足资源的情况下，以完全消除那一地区的贩毒活动为目的，那么其决策过程将是不连贯的。

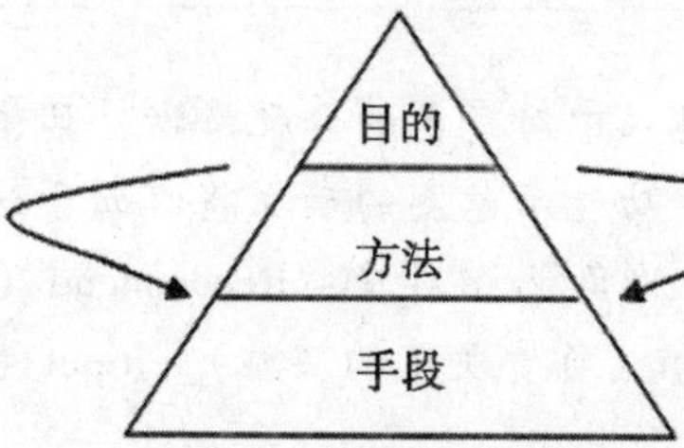


图 1.4　促成连贯的三个因素

## 1.3.3　决策过程的因素

**相关作用因素的识别**

图 1.5 显示参与决策过程的作用因素。必须摆脱这样一种简单的臆想：若干个个体向一人提供情报，接着此人作出决定，再由其他人员实施。而实际情况则更加复杂，许多外部因素可能会影响决策过程。因此，决策过程的困难之一是识别所有涉及的作用因素——官方或非官方的[1]，了解他们的作用以及这些作用因素对促进或阻碍决策过程所产生的积极或消极的影响。

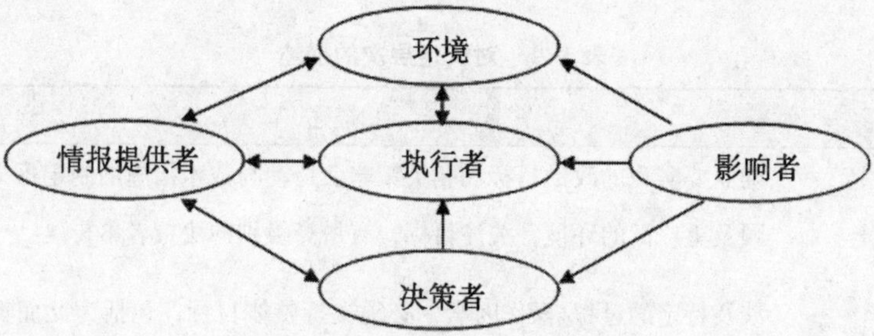


图 1.5　参与决策过程的作用因素

从某个问题或情境出发，可以确定能够为决策者提供情报和可能会对其产生影响的作用因素。例如，政权机构可以被确定为有资格发出指令或有可能施加某种直接影响的作用因素。参与实施既定措施的作用因素也是如此。

〔1〕此处的官方是指那些得到认可的或获得警察内部授权的参与者。非官方则是指那些社区的或有政治和宣传影响力的参与者；尽管这些人不属于警察机构的某个正规部门，但是他们可能会对决策过程产生不同程度的影响。

**实例研究：决策引子**[1]

好的决策取决于在其过程中对角色的分配清晰、具体。因此有必要确认过程的参与者和参与职能。功能示意图的确立将有助于这一目的。五个字母的单词 RAPID 与五个重要的角色相对应：Recommend（提出建议）、Agree（对提议有否决权）、Perform（负责决定的实施）、Input（就决策征询意见）、Decide（拥有最终决定权）。

**决定的类型**

a. 作为一种简化手段，可以把决定分为三个大致的类型（表 1.3）。

b. 但是，决定必须根据其做出的层次加以分析和把握（表 1.4）。

**表 1.3　决定的三个大致类型**

| 类型 | 描述 |
|---|---|
| 政治决定 | 确立政治目标、分配资源，从而确立行动领导者自主权限的决定 |
| 管理决定 | 处理组织问题、项目管理、财务问题和人力资源事宜的决定 |
| 操作决定 | 属于资源（人、物、财）配置范畴的决定 |

**表 1.4　对决定层次的描述**

| 层次 | 描述 |
|---|---|
| 政治上 | 确立要实现的政治目标和相关策略、行动与战术措施的制定框架 |
| 战略上 | 顾及更广泛的环境，关注目标，有最高级别的决策者参与 |
| 操作上 | 涉及特定的过程/操作因素，必须支持整体目标，包括为此而拥有特殊授权——虽然该权力的行使要与更大的策略保持一致——的决策者参与 |
| 战术上 | 涉及必要的或有可能影响更高层次行动实施的特定措施，有对受到决定影响的特定领域负有公认的直接责任的决策者参与 |

c. 实施的层次：政治、战略、操作以及战术层次之间的区分仍然有用。此处的关键点是明确地规定由谁来负责。

d. 谁做决定：重要的是确立清晰的权力体系，明确谁有资格做决定，明确

〔1〕保罗·罗杰、马西亚·布兰科（Paul Rogers and Marcia Blenko）：《清晰的决策角色是如何提高组织绩效的》，载《哈佛商业评论》2006 年第 84 期，第 53－61 页。

合作的程序和手段。应该形成一个指挥链，以及合作与控制的机制。由于政治机构与行动部门之间的矛盾或对各自作用的混乱认识有可能带来严重的挑战，因此，提出两者之间关系的话题至关重要。

e. 决策类型的复杂性：例如，解决一个问题所需的时间，涉及的各种因素或任何解决方案固有的困难。

f. 决策者享有的自由：是指限制他决策自主权的制约因素存在与否。

g. 某项决定的理由：暗示某个行动的起因（表1.5）。

表1.5　行动的起因

| 起因 | 意识 | 决定的引发因素 | 时间框架 | 指导思想 |
|---|---|---|---|---|
| 环境的演变 | 政治或公众方面对特定现象的敏感度<br>风险分析与探测 | 政治要求，舆论压力，消除和减少风险的需要，处理问题的需要 | 未来 | 主动性策略 |
| 特定的形势 | 有关未来可能发生的某个事件的信息（官方的公告，公开的消息来源，消息提供人） | 接受的任务（如会议安保工作的准备）<br>事件可能造成的风险<br>司法上的原因 | 未来 | 主动性操作措施 |
| 事故 | 报告的或发现的事故 | 行动的需要（救援，保护，逮捕） | 现在 | 反应性操作措施 |
| 评估 | 政治要求，公共舆论压力，操作上的原因 | 就如何评估所出现的情况和确认应汲取的教训提出的要求 | 过去 | 从过去的经验中汲取教训 |

## 1.4　情报在决策过程中的作用

### 1.4.1　情报的目的

情报是决策过程的一个重要组成部分，情报不仅有助于相关的参与者理解某个问题和支持一项决定，而且有助于随后的监控和评估，因此情报在决策过程的不同阶段服务于不同目的。我们可以用表1.6和表1.7来说明这种变动性。两个表不仅强调了时间段（过去、现在、将来）和信息收集与分析的层次（策略上、操作上和战术上）的重要性，而且反映了情报在决策过程的不同阶段所起到的不同作用。

### 1.4.2 时间段

情报的使用目的与时间相关，因此，如表 1.6 所示，它会因时间的缘故而不同。

在操作活动中，每个层次的情报都必须为决策者提供如表 1.7 所示的必要因素。

表 1.6 与时间相关的情报目的

| 时间段 | 情报的目的 | 所需的情报 |
|---|---|---|
| 过去 | 重建/理解发生的情况 | 用于调查的犯罪数据，回顾性分析 |
| 现在 | 评估某一形势/监控行动或某个项目 | 建立 PESL 和 SWOT 所需的情报[1] |
| 将来 | 规划未来和确认趋势 | 情境分析 |
| 事后/行动之后 | 对结果进行评估 | 行动后的回顾、评价 |

表 1.7 情报对决策者的作用

| 决策 | 情报的作用 |
|---|---|
| 分析<br>关键词：帮助理解 | 协助评估问题，强调趋势、事件的相互关系和作用<br>确定能够提供情报和需要了解情况的人 |
| 决定：列出和评估可选项<br>关键词：帮助决定 | 提供用于确定选项的因素 |
| 实施<br>关键词：监控 | 监控行动<br>提供反馈 |
| 评估<br>关键词：学习 | 提供评估所依据的数据 |
| 预期<br>关键词：做好准备 | 帮助确认新的风险与机遇 |

〔1〕 PESTL（Polical，Economic，Social，Technological 以及 Legal 的首字母缩略形式）是一种从政治、经济、社会、技术和法律方面分析环境的方法。SWOT（Strengths，Weaknesses，Opportunities and Threat）是通过确认组织面临的威胁与机遇、优势与劣势，对组织进行评估的方法。

### 1.4.3 情报的类型

区分各情报的类型也很重要，情报的分门别类影响数据的收集和随后的传播（表1.8）。

表1.8 情报类型的描述

| 情报类型 | 描述 |
| --- | --- |
| 常规情报 | 一个组织必须持续收集和分析的、以便跟踪组织操作环境的变化或即时了解复发现象之演变的情报 |
| 临时性/特别情报 | 为特定领域内的决定提供协助的情报。例如，一个需要发布新产品的商业公司会进行市场研究；警察队伍在面对大型的、有暴力可能性的示威活动时需要获得有关潜在滋事者和目标的情报 |
| 关键情报 | 需要紧急传播、不经过通常的指挥链、能让操作主管决定和执行直接措施的情报 |
| 统计数据 | 为确定某一特定现象在不同时期的发展状况所收集的情报 |

## 1.5 情报在主动性与反应性类别的警务活动中的作用

警察收集的情报在操作上的使用是有限的。内部结构可能会阻碍信息在某个部门的自由流动。同时，由于不同的原因，一国之内，甚至是一个地区之内的警察力量的划分妨碍了他们之间的交流。“链接空档”是艾格1984年发明的一个普通术语，用于表达系统性的短视。〔1〕

一些新的模式明确承认：信息流动和对情报的严谨处理是警务活动的重点。这些模式充分融合了作为核心组成部分的分析能力。具体而言，由情报主导的警务作为更好地理解安全挑战的手段而被许多警察队伍所采纳，目的是按照合理的策略对资源进行有效部署，以此主动应对挑战或降低其影响。这是一种被视为管理哲学的主动态度，尤其是在调查过程中，可以考虑使用该方法，克服反应性控制的局限性。这有助于我们将更多注意力转移至其他打击犯罪的方法上。系统的逻辑包括将情报更好地融入决策过程。犯罪分析和犯罪情报分析在情报主导的体系中发挥着重要的作用。

情报主导的警务（ILP）被认为是一种哲学或业务模式。的确，这种方法

〔1〕 史蒂芬·A. 艾格（Steven A. Egger）：《系列谋杀的工作定义与减少“链接空档”（lingkage Blindness）状况的发生》，载《政治科学与管理杂志》1984年第12期，第348-355页。

对整个警察组织，对警员的培训，对决策体系和资源的部署，都有着重要影响。它也为操作活动的评价提供了基础，能在变化的犯罪环境背景下对其进行分析。在英国部署的“国家情报系统”就是一个行动中的最佳 ILP（Intelligence－Led Policing 以情报为主导的警务）实例。

**个案研究：NIM**〔1〕

国家情报模式（The National Intelligence Model，NIM）代表着在推动国家层面以情报为主导的有效警务与将英格兰和威尔士所有警察服务机构中与情报相关的组织、过程做法标准化方面所做出的尝试。它本质上是为一个完整的“业务过程”所设计的方案，目的在于使警察服务机构处理情报的方式和做出资源部署重大决策的方式合理化、系统化。

**产品**

NIM 是围绕着四大类产品的生产和使用构建的：

分析型产品；

情报产品；

知识产品；

系统产品。

**产品的描述**

分析型产品：

整个产品种类包括：结果分析，犯罪模式分析，市场概况，人口特征分析，犯罪行业概况，网络分析，风险分析，目标特征分析，操作情报评估。

情报产品：

以上列出的某些分析型产品混合或发展成为情报产品，它们可以粗略地再分为战略评估、战术评估、目标特征描述、问题特征描述（热点或系列犯罪）。这些产品用于决定问题与目标的轻重缓急、分配问题所归属的具体人员或单位，并为操作反应的规划提供依据。

知识产品：

这些是对 NIM 模式的未来发展提供参照和启发以及维护模式内部质量的产品。

---

〔1〕 提姆·约翰、麦克·马圭尔（Tim John and Mike Maguire）：《推出国家情报模式》，载《减少犯罪和以问题为导向的警务》，卡伦·布洛克和尼克·提利（Karen Bullock and Nick Tilley）（编辑），波特兰威兰出版公司 2003 年版，第 38－68 页。

系统产品：

旨在确保有适当的技术和电脑设备使 NIM 模式能有效地操作。

任务与合作群体

这四类产品的主要用户（某些情况下，是生产者）是推动整个过程的群体，是任务与合作小组。

这一过程在三个清晰的层次上发生：

层次一：涵盖地方问题（主要在基本指挥单位层次上）。

层次二：涵盖跨边界问题（在武装力量和武装力量之间的层次上）。

层次三：涵盖国内和国际规模的严重的和有组织的犯罪。

以情报主导的警务的前身是其他更明确地提出需要合理处置情报的警务方法。例如，基于社区的方法结合了认为需要以与社区合作的方式系统确认问题的观点。诸如“察看、分析、反应、评估”（Scanning，Analysis，Response，and Assessment，SARA）这一类方法的实施被视为这种观点的关键特征。

以问题为导向的警务本质上通常被看作一种警务策略，它依赖于犯罪分析的进展状况。问题没有停留在“社区问题”的层面上，因为警察为了发现一般民众可能觉察不到的安全问题，也在自己的信息范围内顺藤摸瓜。例如，犯罪嫌疑人处于流动状态时，受害的地方社区只看到问题很小的一部分，而警察则可能会发现活跃于广泛区域内的一系列犯罪行为。

实施整个以情报处理为中心的体系的最著名的尝试之一是纽约市警察根据类似 SARA 的方法研发的计算机数据系统（Compstat System）。Compstat System 包括情报的及时收集与分析，实现资源快速、灵活地部署。基于此的“Compstat 会议”在一个容易受参与者之间激烈争执影响的环境下，通过对情报、目标、策略、资源的评估，给决策者造成压力。全球的数据和“Compstat 会议”成为维护对一种分散的体系进行控制的工具。

然而，尽管自 20 世纪 90 年代起，情报的作用在警界内得到越来越多的承认，将情报融入警务策略中的过程却是缓慢的、艰难的。反应性和应急性的回应，以及缺乏远见，经常共同阻碍这些过程的发展。同时，警察组织往往有着处理危机和应对孤立事件的不同经历，在这些事件中，行动是过程的核心。在具体运用情报作出决定和展开操作活动方面，主动性警务（通过犯罪分析预测事件）存在公认的难题，而反应性警务在情报处理方面则存在明显的缺点。通过正式确定指挥链，有可能在与主动性和反应性警务方式都有关联的单一决策框架内顾及这些缺点。

## 1.6 决策过程的陷阱

决策过程永远不可能是完全理性的，它容易被各种因素扭曲。其中，有些因素在决策者可控的范围内，而有些则不是。个别控制的问题将在第二章作更详细的说明。

## 1.7 总结及要点

• 系统是相互作用并与其环境产生互动、为实现特定目标组织在一起的因素与参与者的总和。

• 系统的边界可以根据它的参与者而划定，参与者则是通过他们对系统最终目标的贡献而确定的。

• 系统方法有助于理解和评估系统环境的变化所带来的后果。也许会出现新的威胁和机遇，迫使系统及其不同因素做出相应的改变。

• 这些变化可能会影响到系统的目标、相关的参与者（如若干项任务）、他们之间的互动，以及系统的机制。

• 决策过程是做出理性决定、确保不同参与者之间协调的最重要机制之一。

• 这一决策过程可以分为四个清晰的阶段：情报的收集与分析、决定、战术与部署、监控与评估。

• 作出的任何一项决定都必须反映目的、方法和手段之间的一致性。

• 有若干种类型的决定；差别取决于作出决定的层次、它们的复杂性、时间段或是决策者的自主权。

• 情报融合在过程的每一个阶段，它支持着特定的需要：在分析阶段，它有助于确定问题；它支持决策的制定；它辅助对实施活动的监控；它为随后的评估提供必要的数据。

• 在决策过程的每一个阶段，倾向、偏见和错误的方法有可能影响最终的结果。

# 2 操作链

## 宗 旨

本章将进一步讨论第一章中所界定的操作决策链的不同阶段：信息收集与分析、决策、战术以及评估。本章将考虑每个阶段的实际影响，并通过现实生活中的例子来说明他们。

## 2.1 操作链概述

如果我们用直观可视的形式来表现操作决策链的过程，那么可以用四个不同阶段来表现该过程的水平维度，也就是我们所据以作出决定的逻辑顺序。

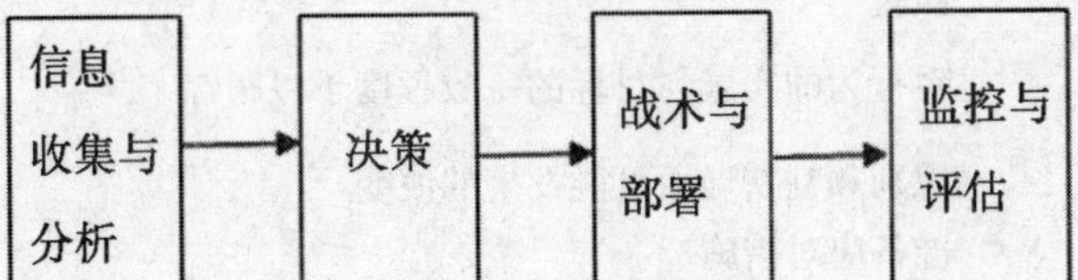


图2.1 操作决策链

操作决策链的每一个阶段可以与某个（或某些）代表该操作链纵向维度的特定方法联系起来（表2.1）。决策过程范畴内所采取的主要操作活动如表2.2所示。

表 2.1　操作决策链的方法论

| 阶段 | 方法 |
|---|---|
| 信息收集 | 情报周期 |
| 决策 | 决策模式 |
| 资源配置 | 战略原则和方法 |
| 评估 | 审核、研判 |

表 2.2　决策过程中采取的操作行动

| 阶段 | 行动 |
|---|---|
| 问题的界定 | 了解问题、已认定的需要以及所接受的任务<br>分析问题。<br>阐述问题 |
| 决策 | 全面评估上一阶段所阐述的问题<br>需要实现的目标和要明确的制约因素（如资源和法律上的）<br>识别和评估可能的、得到授权的行为<br>做出单一选择 |
| 贯彻执行 | 为决定的执行制订的行动计划<br>命令<br>执行 |
| 监控 | 对行为的实施与目标的一致程度予以跟踪 |
| 远景规划 | 识别和判断局面可能发生的演变<br>准备应对措施 |
| 评估 | 结果与进程的研判 |

### 2.1.1　各阶段信息的功能

信息是在决策进程的每个阶段指出问题并分析与潜在选择有关的风险和机遇的必要条件，它也是满足以下需要的必备条件：为决策提供支持手段，同时还为判断事态的可能发展方向和行动后果提供数据资料。

提供信息与做出决策之间的关系是复杂的，包括以下几方面：如何界定需要提供的信息以及如何收集、分析和展示信息，以便决策者作出决定。另外，如何建立高效的结构，用于处理信息和将其整合到决策过程，也是非常重要的。

明确无误地确定参与者、建立清晰的指挥链以及运用结构化决策过程的重要性。

这里主要有三个问题需要解决：

a. 确定所有直接或间接参与这个过程的人，包括了解他们的职能和责任。

b. 过程参与者之间的关系（由指挥链决定）。

c. 结构化的决策程序，该程序涉及属于多个不同机构、承担不同职能和责任的参与者。虽然整个过程历时较长，但政治领导人可能会起到一定作用。如此一来，将需要组织不同类型的会议，以便于通告、研判、决策、控制或评价，而这些会议的结构和管理将决定整个过程的效率。

总之，须在不同领域内采取措施以确保决策过程中各方保持一致。不同领域与过程本身发生联系，其中包括辅助性组织结构（与实施相关），参与成员的确定，其各自职能和责任的明晰，战略或战术决策，方法和信息的处理等。相应地，只有当第一章所描述的过程的整体性管理和系统方法的原则受到重视时，即目的、方法与手段的共同强化，一致性才能实现（图 2.2）。

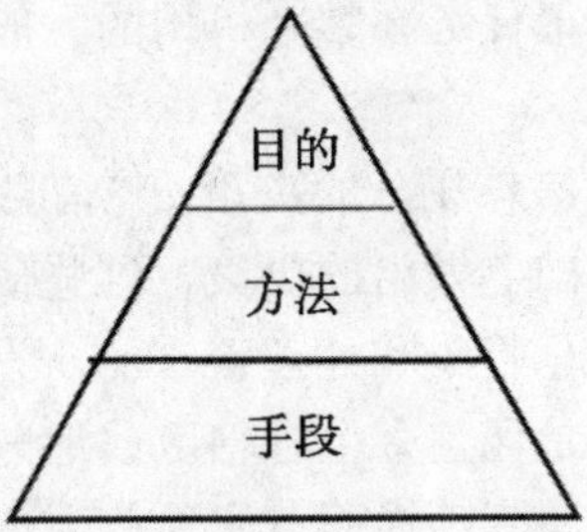


图 2.2 手段、方法、目的之间的一致性

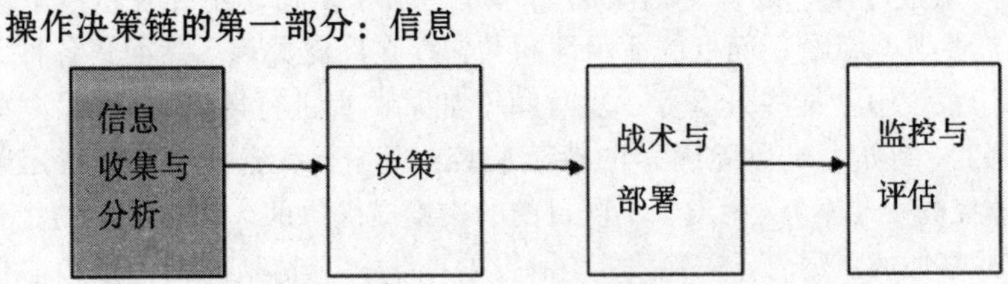


图 2.3 信息收集与分析是信息周期的第一个阶段

## 宗　旨

本节详细地研究了通过“情报周期”进行的信息处理，以及此过程的某些变体。我们需要从已在警察机构中脱颖而出的情报专业的视角进行探讨。我们将借此强调在信息情报的提供者和使用者之间建立理解与互信时所面临的挑战。

## 2.2　部门结构

操作链展示了决策是如何依赖于及时收集和分析，并以恰当方式呈现出信息的。当这些信息被用于行动时，常常会与“情报”一词同时使用。警方从军事部门借用了“情报”这一概念，其强调相关、及时和经过精确分析的信息对战略形成的重要性。然而，警察的需求因决策的性质、收集到的信息类型、需要分析的问题类型，以及情报任务在整个机构的一般分配情况而呈现出显著的差异。

操作链要求决策者做出信息充分的决策。“信息充分”的决策可以理解为在所能掌握的最佳信息的基础上做出的决策，这些信息是以不同节奏、为不同目标对获取的资料进行结构化收集和处理得来的。为了实现合理决策，组织内部的每个人、每个单位，或是涵盖多个管辖区或地区的多机构系统，都可能需要尽力达到上述标准，以提高其理性而务实地使用现有信息的能力。这个“组织”层面的内容将在第三章进行深入讨论，而本章主要关注方法问题。不过，本章也会指出一些组织层面的问题以供参考。

关于“情报过程”或者“情报周期”是否适于从概念上抓住信息处理的本质，也就是其在系统层面上的适用性问题，存在广泛共识。然而，各种不同过程并行于系统中。某些只运行一段时间（如某调查进行期间），而另一些人则是长期的（例如，对风险因素的持续监控）。每个系统关注某些特定问题（例如，监控高发罪案），为出于不同目的的决策提供协助，有战术性的、可操作性的或战略性的。尽管千差万别，“情报处理”和“情报周期”的概念仍然有效，在大多数情况下，具有分析作用。因此，想要管理或分析与犯罪和更广泛的安全问题相关的信息，这些概念是必须了解的知识。

不过，必须承认的是，“情报周期”是一个理想化的描述。事实上，莱特克里夫（Ratcliffe）指出，他“迄今为止，还没有遇到符合周期要求的严格意

义上的经验丰富的分析人员”。[1]在实际过程中，“情报周期”所反映的每个阶段的进展情况更多地呈现为平行活动，而较少表现出线性序列。[2]因此，“情报周期”还需要根据具体情况来灵活使用。同样也应该注意到，某些替代模式更符合犯罪分析的复杂的现实情况，尤其是在分析常规信息（重复事件分析），或者在长时间内谨慎处理问题时。但是，无论如何都要有在一定时间段内必须予以吸收的不间断信息流。

不幸的是，在当前信息技术泛滥且抢眼的大环境下，信息的基础处理问题时常被忽视。炫目的创新举措为初级任务提供了工具。比如，犯罪制图，或者处理大数据的能力等。但这些基本任务却是一个在很大程度上尚需详述的、较全面的方法论的一部分。有一个处理得很差的漏洞时常发生。从方法学的角度上说，由于一些非科学方法的普遍使用（如主观判断），会通常导致系统失衡；这些方法面过窄，过度专业化（如过多地受限于心理学、地理学或计算机学科等领域的影响），具有看重技术本身的特点。这一点将在本节中更深入地论述。

另一个常见的谬误是过高估计信息处理和分析的能力，以为他们可以与决策者的希望和预期完全契合。在材料获取困难和信息不足的情况下，犯罪的实际情况难以掌握。由于决策者和分析人员之间的级别差异，分析人员有可能会倾向于迎合权威，而不是根据可靠信息来源进行结构化推理和详尽阐述各种假设。这一章将重点强调阻碍组织情报能力提升的实际限制和挑战，以及可能促成成功的潜在因素。

## 2.3 信息流与情报文化

本书继续强调信息在决策过程中所起到的至关重要的作用。组织内部的信息流是影响行动成功与否的重要因素。不过，由于人、组织、方法、技术和法律层面因素的共同影响，造成“链接空档”的现象，由此而引发的相关问题屡见不鲜。明显的信息不共享问题在一些情况下造成了严重的影响，以至于人们已经开始尝试放松先前对信息发布过于严格的限制，从传统上严格的“知情必要”和“知情权”原则开始转向“分享必要”的全局观。

同时，日常活动中电子设备的普遍使用，也加剧了信息过度传播的情况。这种发展变化已经催生了一种新型的“链接空档”——在海量数据中，越来越

〔1〕 杰瑞·莱特克里夫（Jerry Ratcliffe）：《情报导向警务》，波特兰威兰出版社2008年版，第105页。

〔2〕 彼得·吉尔（Peter Gill）：《围捕普通嫌疑犯：当代执法情报的发展》，阿尔德硕特阿什盖特出版社2000年版。

难以捕捉到有用信息。在信息大扩散的背景下，隐私也构成另一个重要问题。因此，在通常是敏感的信息不够和太多的矛盾情况下，“知情必要”和“知情权”规则仍然有效。这两个规则不必被“分享必要”规则所取代，而是应该实现“三者合一”，但在这三者之间确实需要找到一种微妙的平衡。这一简要背景清楚地展示了开发和应用一些结构化信息处理模式的必要性。

## 2.4 信息的作用

在不同的情况下，信息为目标千差万别的决策过程提供了坚实的基础（组织层面问题将在第三章深入探讨）。

在理想状况下，无论情况多么繁杂，总体上都可以归纳为三大类目标，相应地，也就有三种类型的信息分析：

• 战略型：为制定与中、长期系列安全问题相应的政策提供信息支持。例如，战略型分析会就一定时间段或地域的非法移民问题或有组织犯罪问题进行评估。

• 操作型：观察和分析最新情况，形成特定的战略或行动措施，以此（依据由战略评估派生而来的政策）为行动管理和策划提供支持。例如，此类分析可能会发现最新的移民动向，这种动向要求我们制定和实施特定的战略，并就此成立特别行动小组。

• 战术型：为那些需要立即做出反应的事件提供信息支持。例如，战术型分析结果可能有助于明确调查方向 。

第三章将讲述具体机构是如何根据其规模、实力、管辖区等，区分战略和战术功能或信息收集和分析的。然而，不同分析形式之间的清晰界限，在现实中是并不多见的，而且，人们对战略、操作、战术处理的内涵也存在许多偏见。另外，在处理事件时，是适用决策者长期以来明确的方法，还是作为特例处理，进行即时快速反应，对于很多警官来说，也不是一个容易做出的选择。在一些小型机构里，有些分析单位很有可能会以某种方式介入所有三种形式的分析当中。

**案例分析：基于某一特定情形的分析层次**

一个男性青年在火车站被谋杀。这起命案的起因是其他两个男性青年想拿走被害人的一件电子设备。当地社会群情激动，而媒体发布失实报道，称火车和车站不安全，青少年犯罪率上升，要求警察局对于此类恶劣情况立即采取应对措施。于是，警察局的分析小组对火车和车站内青少年犯罪率发展状况进行（战略层面的）评估。这个分析产生了重大的政治作用。作为即时应对措施，其直接催生了一个专门负责机构，犯罪分析人员专职每天对现状进行跟踪分析，以引导有针对性的警务行动（操作层面）。最后，在分析人员的支持下，开始进行具体的调查（战术层面）。

## 2.5 信息加工

分析人员通过加工原始材料生产情报产品，这与制造商需要原材料来加工出终端产品很相似。因此，情报就是一系列加工的结果，包括识别和收集相关资料数据，将原始数据转换成适合决策者使用的恰当形式。[1]这个转换过程被称为情报过程，其步骤在传统上被称作“情报周期”。

### 2.5.1 从蛛丝马迹到情报

蛛丝马迹是指人的出现或者活动遗留下的痕迹。有时，这些迹象可以通过直接观察得到，不过，更多的时候会很不明显甚至难以识别。有些迹象会被庞大的原始材料所掩盖，如电话记录、日记、网络信息、道听途说的描述以及银行账户记录等。处理原始材料的目的就是要抽取有关事实以服务于分析目的。

接下来，这些信息将被分析，人们会跳出基本事实，形成某种假设并验证该假设是否成立。下一步，产出的情报必须发布出去，以便被充分理解并服务于特定的行动需要。图 2.4 描述了从识别迹象[2]到积累有助于决策的实用有效情报的整个链条。

〔1〕 源自 DIKI（Data Information Knowledge Intelligence，数据信息知识情报）模式。《情报主导警务》，杰瑞·莱特克里夫（Jerry Ratcliffe），前文已引用，第 94 页。只有当知识被传播出去并纳入决策的考虑范围时，才能真正成为有效情报。

〔2〕 当我们发觉某个蛛丝马迹与正在调查的案子有关联时，它便成为一种具有导向性的迹象。

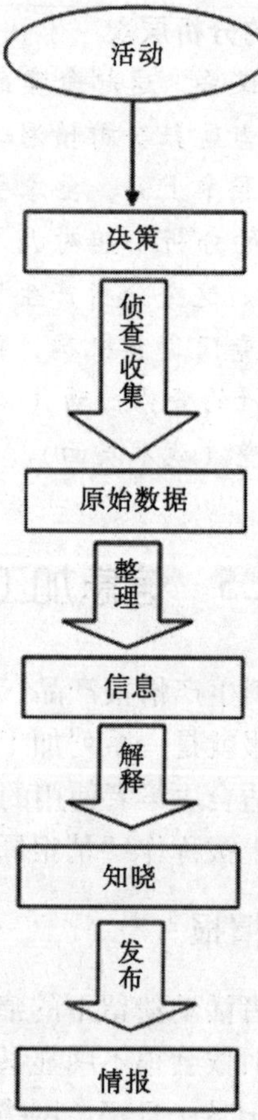


图 2.4 从迹象到情报的链条

## 2.5.2 情报周期

当情报被融入更广义的操作链时，这些情报过程被理想化地表述为情报周期。[1] 在情报周期内，需要严格遵循图 2.5 所描述的步骤。

〔1〕 情报周期有若干个变体，此处的表述与操作链有关。

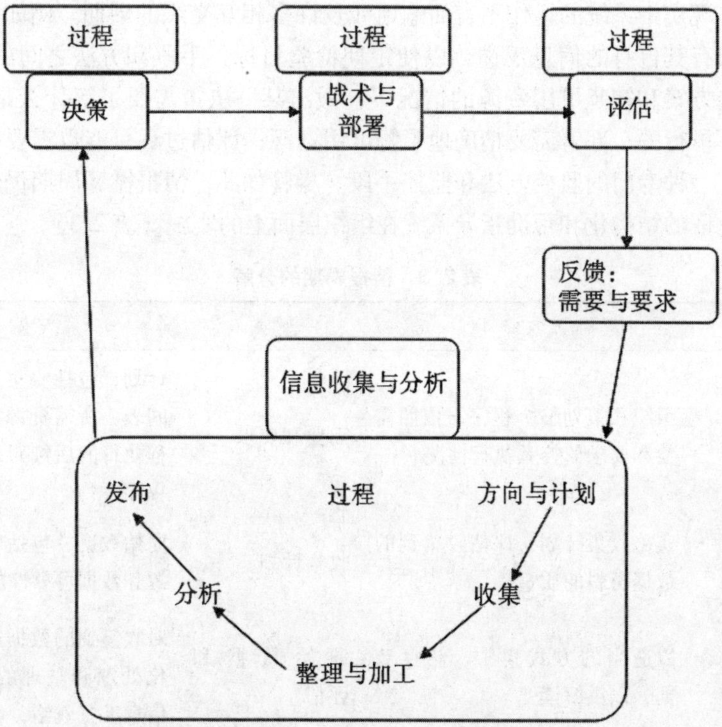


图2.5　情报周期和操作链

支撑这个过程的几个关键原则如下：

• 要始终通盘考虑不同来源的信息。情报周期极为重要的一个方面就是能将各种独立信息进行全面整合，填补信息间的空白。

• 不受其他组织活动的影响，以便使其可以不必屈从于压力或决策陷阱。例如，当某个调查小组暗示要调查某一名嫌犯时，分析人员应可以自由地提出其他假设并验证该假设。

• 将分析这一步骤放到最后，有助于避免过早形成假设和引起“管道效应”，即避免在收集到的信息不充分的情况下，先入为主地“诱导”出错误推论。

• 需充分理解到不同人员可能只负责情报周期某一部分的特定任务。例如，分析信息的人不一定是收集信息的人或决策者。因此，沟通的作用就显得更加重要。

• 需充分认识到一旦发现新的信息，或者情况出现新的变化，可能需要开始一个新的情报周期。

• 注意避免信息过度泛滥，应将注意力都集中在相关信息上。

图2.5描述了情报循环周期及其与操作链的关系。但这是一种过度简单化的

描述，在现实中系统的运作不言而喻地涉及许多相互交织的周期。例如，每个阶段都要求有其自身的信息反馈，以便定期检验目标、手段和方法之间的一致性。在有备选方案和知晓可用资源的情况下，做出某一决策需要了解什么是可行的，什么是不可行的；部署需要精确地了解可用资源；评估过程可能也需要根据信息处理确立一种专门的监控方法和监控手段。尽管如此，情报循环周期仍然会极大地促进论证的结构化和帮助指导系统在组织层面上的实施（表2.3）。

表2.3　情报周期的分解

| 任务 | 内容 | 输入 | 产出 |
|---|---|---|---|
| 方向与规划 | 组织和策划整个程序，依照需要和要求监控其执行情况 | 需要和要求 | 计划，包括收集计划，时间表，所需资源，以及过程执行的后续跟踪和监控程序 |
| 收集 | 实施收集计划；评估收集到的数据资料的质量 | 收集计划 | 原始数据，包括对信息来源和数据可靠性的评估 |
| 整理 | 以适当的方式集中、储存数据，以供解读 | 原始数据和评估 | 对收集到的数据进行结构化处理和整理的数据库。信息准备就绪，可供研究 |
| 分析 | 研究和对数据进行视觉化处理以进行论证。跳出事实之外以推断出分析结果，可能会有助于理解问题和提供答案 | 准备好的数据，分析工具 | 分析结果 |
| 发布 | 将分析结果以清晰、简练和适当的方式提供给决策人。与相关人员沟通，以便此结果可以准确转换为战略、操作、项目和具体行动 | 对决策有用的分析结果（包括就可采取的行动提出建议） | 分析产品（情报和风险分析） |
| 反馈，新的需要和要求 | 确定新的周期，或者根据新的需要和要求修订现有程序 | 新的需要和要求 | 程序修订 |

### 2.5.3　实施过程：更多细节

情报周期的每个步骤都在表2.4、表2.5、表2.6、表2.7、表2.8中进行了更详细的描述。在表格里，我们把方法论的元素和我们所理解的成功因素整

表 2.21　操作决策过程

<table>
<tr><th>步骤</th><th>目的</th><th colspan="3">举例</th></tr>
<tr><td rowspan="2">问题界定<br>（任务分析）</td><td>任务分析<br>1. 关于什么<br>2. 预期成果<br>3. 行动自由度<br>4. 资源（已拥有或可能增援的）</td><td colspan="3">制定措施，确保一个持续两周的大规模有组织活动的安全。组织者意图让活动平和地进行，但不排除某些暴力因素的干扰</td></tr>
<tr><td>结果<br>• 确认应该做什么以及何时做<br>• 确立对问题的总体看法，清晰地说明问题的组成部分<br>• 确定权力的归属和工作的分配</td><td colspan="3">需要处理与交通、公共秩序、调查活动和法律框架等相关的问题<br><br>穿制服执勤的警察应当处理……<br>刑警应当处理……<br>……应当处理……</td></tr>
<tr><td>初步措施</td><td>给予决策者更多启动直接和具体措施的自由，可以节省时间，并使未来行动更顺畅</td><td colspan="3">界定信息需求<br>确认操作区域<br>警告、动员（参谋人员、专业人员）<br>召开会议<br>告知（相关人员）<br>确认需要联系的对象</td></tr>
<tr><td rowspan="5">时间和组织</td><td rowspan="4">任务及其时间表<br>指挥链与指挥结构<br>在必要情况下设立特别工作小组</td><th>何时</th><th>什么</th><th>谁</th></tr>
<tr><td>12. 3/1400</td><td>比赛</td><td>组织者</td></tr>
<tr><td>12. 3/1200</td><td>关闭道路，禁止通行</td><td>交通主管</td></tr>
<tr><td>12. 3/1000</td><td>安全措施到位</td><td>操作活动主管</td></tr>
<tr><td></td><td>……</td><td>……</td><td>……</td></tr>
</table>

续表

<table>
<tr><th rowspan="2">步骤</th><th rowspan="2">目的</th><th colspan="2">举例</th></tr>
<tr><th>其他作用因素</th><th>警察的可能行动</th></tr>
<tr><td rowspan="4">对环境进行评估</td><td rowspan="3">分析对操作具有潜在影响的七个因素：<br>• 任务<br>• 法律基础（对警务决策很重要）<br>• 活动区域（地势）<br>• 天气<br>• 违法者的潜在行为<br>• 警察可能采取的行动（不同选项清单）<br>• 时间限制</td><td>和平示威者</td><td>协助和引导游行队伍</td></tr>
<tr><td>游行队伍内的暴力麻烦制造者</td><td>收集信息；在游行开始前逮捕他们；在游行中逮捕违法者；与组织方的安保部门合作</td></tr>
<tr><td>游行队伍外围的暴力活动</td><td>布置监控和观察岗哨；保护面临风险的区域；组建一支流动警力便于干预</td></tr>
<tr><td>综合分析：结果</td><td colspan="2">结果：<br>• 组织信息的收集<br>• 与组织者建立联系，明确在游行前和游行期间的合作<br>• 组建一支流动的后备警力</td></tr>
<tr><td>作出决定</td><td>作出选择</td><td colspan="2">从已概括出的可选项（考虑可用资源）中选择最能有效应对其他参与者潜在危险行为的行动方案</td></tr>
</table>

续表

<table>
<tr><th>步骤</th><th>目的</th><th>举例</th></tr>
<tr><td>下达命令</td><td>指出为达成任务所需采取的行动步骤</td><td>操作命令的结构<br>a. 形势<br>• 活动<br>• 主题<br>• 工作伙伴<br>• 违法者：可能性与风险<br>• 任务<br>• 资源<br>b. 意图<br>• 总结整体任务计划<br>c. 任务<br>• 给下属的命令<br>d. 特别指导<br>• 行为<br>• 武器弹药<br>• 武器的使用<br>• 服装和装备<br>• 特殊装备<br>• 运输<br>• 医疗保障<br>• 饮食、间歇、救济<br>• 通信：无线通信与电话<br>e. 地点<br>• 操作主管<br>• 分组领导</td></tr>
<tr><td>控制</td><td>对行动进行监控，如有必要矫正措施</td><td></td></tr>
<tr><td>准备</td><td>考虑事件可能的演变趋势以制定防范措施</td><td>设计情景<br>准备应对假定情况的方案<table><tr><th>代码</th><th>假设</th><th>决策</th><th>时间</th></tr><tr><td>ADO</td><td>购物场所发生的暴力事件</td><td>派遣机动警力</td><td>10 分钟</td></tr></table></td></tr>
</table>

图 2. 14 展示了评估某个问题时所遵循的过程。

第三个例子说明的是与管理问题相关的决策行为。

正如前两个例子所显示的那样，过程的大致框架保持不变，但如何界定问题则有本质上的不同（这仍被当作与其他案情进行比较的一个兴趣点），因而，以此为重点对我们更有帮助，这在表 2. 22 中体现出来。

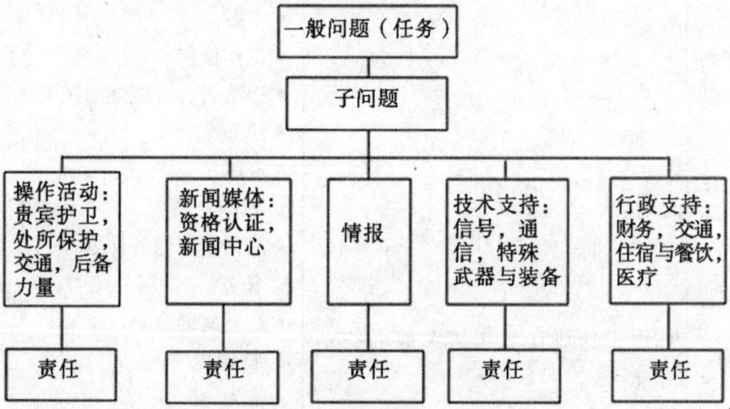


图 2. 14　评估问题

表 2. 22　问题界定

| 步骤 | 发展 | 备注 |
|---|---|---|
| 1. 形势 | 问题界定 | 应该描述引起问题的原因（不与问题的征兆混为一谈） |
| 2. 时间 | 紧急程度<br>可用的时间<br>时间表 | |
| 3. 与其他项目的联系 | 确认需要考虑的潜在的相关项目与问题 | 有必要强调这些联系，以消除冗余和增进可能的协同效应 |
| 4. 从其他项目中学到的经验 | 确认在其他相似的案例中，有什么是可能导致成功或失败的 | 要避免重复犯错，（如果条件相同，在评估方面）利用那些成功的因素 |

续表

| 步骤 | 发展 | 备注 |
|---|---|---|
| 5. 识别个人或所涉团体 | 和谁有关<br>谁能提供信息<br>告知什么人<br>应该提供或搜寻什么样的信息 | 这是一个经常被忽视的领域<br>若不就所涉个人或团体绘制示意图，会在此或接下来的阶段引起困难 |
| 6. 机会 | 内部机会<br>外部机会<br>（在政策层面上和公共意见领域内，同合作伙伴之间） | |
| 7. 危险 | 内部风险<br>外部风险（在政策层面上和公共意见领域内，同合作伙伴之间） | |
| 8. 问题的简洁陈述 | 用几句话简要地概括经过分析的关键因素 | 这一简要概述（“问题”）是根本性的，应该得到那些参与确定解决方案的人的赞同 |

第四种应用方式涉及技术领域的决策[1]情况。

例如，一个私人或公共组织，如果想要安装一个视频监控系统，应该遵从以下六步程序：

1. 风险分析。

2. 需求确认。

3. 技术设备的选择。

4. 所选设备的安装。

5. 安装功能（组织将需要决定是否首先进行测试和使整个系统生效，新老系统是否同步运行）。

6. 评估。

需要指出的是，以上六步程序只应在完成对于问题的最初评估后才开始启动，目的是确保监控系统在其特定的应用环境中发挥作用。

---

〔1〕 斯蒂芬尼·雷曼－朗格斯与路西·杜布伊斯（Stéphane Leman – Langlos and Lucie Dupuis）：《空间保护技术》，载《内部安全协议》，M. 卡森，B. 杜邦及 F. 勒米耶（M. Cusson，B. Dupont，F. Lemieux）（编辑），洛桑罗曼德科技大学出版社 2008 年版，第 438 页。

## 2.15 其他决策模式

多兰（Dolan）和拉莫勒（Lamoureux）（1990）在其书中[1]曾提到，个体或许会通过以下三种方式做出决策：

• 直觉：格莱德维尔（Gladwell）（2005）指出："眨眼之间所发现的有价值的东西可能与历经数月的理性分析所发现的一样多。"他声称，不相信直觉会导致错误的产生。对他而言，直觉就是我们生活经验的副产品，就像一座个人图书馆。在这座图书馆里，我们无意识地吸收信息。在需要的时候，它会自发地反刍信息[2]。为了支撑他的论点，格莱德维尔同其他许多学者一样引用了盖提·库厄罗斯（Getty Kuoros）的例子。这座希腊雕像被收藏在美国加利福尼亚州的保罗盖蒂博物馆。之前，许多专家都曾证明了它的真实性。然而，当雅典卫城博物馆馆长看到这座雕像时却说："任何曾经见过从地下出土的雕像的人都可以辨别出，那座雕像从来就没有在地下埋过。"之后，有证据表明，这位专家"眨眼之间"的直觉是正确的。这座雕像是伪造的赝品[3]。

• 个人价值观。

• 根据之前在类似情况下所做的决定而进行的判断。

我们还可以识别出另一种方法：

• "反复试错法"，是一种尝试解决问题的策略，其手段是采取不同形式的行动，直到错误被降至最低限度或消除。

## 2.16 某些决策陷阱

我们必须意识到有可能对决策过程产生限制的种种缺陷和陷阱——当包含人为因素时，这类困难比单纯的技术问题更为明显，因为技术上存在的问题常常可以通过系统本身得到提示。当涉及"人"的问题时，所呈现出的症状会掩盖其原因（比如，一个人创造力的下降可能与其家庭条件困难有关）。尽管决策过程在很大程度上是理性的，但是它也会受到不同因素的制约。

---

〔1〕 S. 多兰、G. 拉莫勒（S. Dolan and G. Lamoureux）：《劳动心理学入门》，布舍维尔盖坦莫林出版社 1990 年版。

〔2〕 M. 格莱德维尔（M. Gladwell）：《眨眼之间：不思而想的力量》，纽约利特尔布朗出版社 2005 年版，第 74 页。

〔3〕 M. 格莱德维尔（M. Gladwell）：《眨眼之间：不思而想的力量》，纽约利特尔布朗出版社 2005 年版，第 28 页。

• 生理因素：生理限制包括一个人的技能、习惯、条件反射、身体状况和心理能力。这些因素共同决定了个体对某些情境的反应方式。

• 价值观：个人的信仰和价值观也会影响其决策方式。人们不会轻易地做出与其价值观和信仰相悖的决定。

• 文化因素：这些因素可能会产生一些消极的影响，如在警务环境中，身穿制服的警察和便衣警察之间存在的相互偏见可能会成为他们共享信息的障碍。

• 知识：做到“万事皆知”是不可能的。因此，我们必须意识到，考虑“这些选择”并不等于考虑到所有的选项；一个人能够掌握的知识是有限的。

• 组织因素：组织结构可以阻碍信息的流动，或是使参与者之间的互动复杂化。

• 人为因素：决策者是人。人在做出行动时永远不可能如理论设想的那样理性。个人不仅会受到外部压力的影响，还会受到其自身兴趣、偏见和成见的影响。比如，当政客们在招募私人参谋团队时，他们会看重其政治能力或其他信仰，胜过重视其专业技能（这种情况也适用于主管、首脑等）。对待少数民族或是宗教信徒的态度也会是偏见的一个重要外在表现形式。例如，法国已尝试（在招聘中）推行不含姓名和照片的专业简历，以防止来自少数民族的候选人因为其姓名和肤色而受到歧视。

• 认知偏差：偏见（导致推理错误）可能会导致灾难性的后果（详见下文的案例研究）。

• 外部因素：外部因素可能会因限制其自由或自主权而影响决策者（例如，政治环境或危机事件的变化）。

**案例研究：美国联合航空公司 173 航班飞机坠毁**

1978 年 12 月 28 日，当美国联合航空公司 173 航班飞机飞越波特兰上空时，飞行员听到一阵奇怪的声音。当他打开起落架时，注意到机身出现震动。飞行员以为起落架尚未完全展开，他就驾驶着飞机在波特兰上空盘旋并且启动了控制系统；飞机上的乘客都为紧急降落做好了准备。然而，由于驾驶舱内所有人的注意力都集中在起落架程序上，没有人去检查燃油油位。最后，飞机坠毁，十人遇难[1]；而调查人员在残骸现场发现起落架已经展开。

表 2.23 将主要的陷阱和误区重新划归为决策过程的不同阶段，并提出了

〔1〕 克里斯汀·莫瑞尔（Christian Morel）：《荒唐的决定》，巴黎加里玛德出版社 2002 年版，评论页，第一章。

一些避免这些障碍的策略[1]。

正如之前所提到的，信息在决策进程的每一个阶段都发挥着关键作用。在这里，我们必须考虑到“有限认识”（bounded awareness）这一个问题，因为它对于有效利用信息造成了重大阻碍。“有限认识”可以被描述为这样一种情形：在决策过程中，认知上的目障会阻碍一个人看见、寻找、使用或分享相关度高、容易获取并且随时都可以被感知的信息。有限认识可能出现在这一过程的各个阶段。首先，执行者也许看不见或找不到做出合理决策所需的关键信息。其次，他们或许无法运用自己所看到的信息，因为他们没有意识到其相关性。最后，由于执行者也许不能与其他人分享信息，导致整个组织的认识受到限制。[2]

表 2.23　决策陷阱和误区

| 陷阱和误区 | 减少陷阱和误区风险 |
|---|---|
| 问题界定 | |
| 可能存在的不完整、不完美甚至是虚假的信息 | 信息的交叉核对 |
| 受第一印象的引导 | 从不同角度分析问题；寻求其他建议 |
| 没有进行进一步的质疑，就认为某些假设是正确的（未受质疑的战略假设的一个事例是，美国坚信，中国不会在 1950 年渡过鸭绿江支持朝鲜政府；同样的，1940 年，法国也做出过类似的假设，认为德国坦克不可能横穿阿登高地） | 识别并对这些假设提出质疑：如果有必要，需采取措施以改进程序和改善管理 |
| 糟糕的问题界定（错误的或是不完整的）常见的错误是提供一种合理的但是却不完整的问题陈述，该陈述并没有将所有的后果考虑在内。比如，20 世纪 60 年代，美国汽车行业从改善高速公路路况以及为驾驶员提供更好培训的角度来定义道路安全问题。当政府颁布新规要求改进技术时，汽车行业措手不及[3] | 从不同的角度修正问题，为这一步骤争取足够的时间，以避免做出不成熟的决定 |

〔1〕 由约翰·S. 汉蒙德、拉尔夫·基尼 及霍华德·拉尔法（John S. Hammond，Ralph L Keeney and Howard Ralffa）撰写的，载《哈佛商业评论》1998 年 9 - 11 月版的文章《决策陷阱》为这一部分提供了素材。

〔2〕 马克思·H. 贝兹曼与多利·楚（Max H. Bazerman and Dolly Chugh）：《无障碍的决策》，载《哈佛商业评论》2006 年特刊。

〔3〕 彼得·德鲁克（Peter Drucker）：《一项有效的决策》，载《La Prise de décision》，2002 年组织版。

续表

| 陷阱和误区 | 减少陷阱和误区风险 |
| --- | --- |
| 选定替罪羊，而非找出导致问题产生的真正原因 | 不仅着眼于个人行为，还将更广的议题考虑在内，诸如组内的互动问题。目的是要锁定根源问题 |
| 交流不足 | 疏于通知那些与问题或决策有直接或间接关系的人 |
| 决策 | |
| 为信息而信息，造成信息累积过多而导致分析瘫痪 | 使信息需求适合手头的问题；只关注最具决定性的信息。 |
| 问题的高度复杂性 | 仅专注于三到四个选项 |
| 缺乏时间 | 制订计划表并仔细安排时间 |
| 允许个人偏见或成见影响行动 | 确保一个由多人参与的决策过程 |
| 偏好那些支撑自己决定的论据。 | 确保一个由多人参与的决策过程；指定一位“唱反调的人” |
| 无意或有意地维持现状（包括阻止自我心理分析） | 坚持决策过程，同时列出其他需要考虑的选项 |
| 在确定新问题的框架时，将其当作再次出现的旧问题来处理，借助于已知的但有可能不甚恰当的方案去解决 | 对问题的界定给予充分的时间 |
| 对预测抱有过大的信心 | 确立范围而非给出明确的数据<br>设计不同的场景 |
| 群体思维（一段时间之后，小组内可以达成一个大家一致认可的方式，从而避免分歧） | 调整组内成员以确保小组的活力；用不同的小组来评估两个（或更多）得到坚定支持但却相互矛盾的假设 |
| 每一种情况都用同样的管理风格去处理 | 使管理技术与需要处理的情况和合作者的成熟度相适应：在可能的情况下，倾向于一种多人参与的方法 |

续表

| 陷阱和误区 | 减少陷阱和误区风险 |
| --- | --- |
| 实施 | |
| 将任务安排给错误的人 | 任务要求需要与合作者的情况相匹配 |
| 在实施阶段改变目标 | 如果现实情况迫使目标发生改变，要考虑到决策的相关后果，以维持操作上的整体连贯性 |
| 缺乏控制 | 制定反馈措施；通过"四处走动"的方式进行管理〔1〕，以与现实保持联系 |
| 评估 | |
| 不可用的——或是不充分的——对实施结果的分析 | 开发任务报告程序 |
| 隐藏错误和为已做过的事辩解 | 寻找项目或活动以外的人员或团体进行评估 |

## 2.17 工具

在决策过程中可以运用某些工具。表2.24对这些工具或手段做了概要说明，包括在不同决策阶段每一种工具在何种情况下可以使用。下面介绍的工具中大多数都进行了改进，不仅用于商业管理环境，而且也为警察提供了帮助。

〔1〕"四处走动式管理"（Managing by Walking Around，MBWA）是一种非结构化的实际操作方法，管理者直接参与和下属人员工作相关的事务，与一成不变和远距离的管理形成对比。参见 http：//businessdictionary. com/definition/management－by－walking－around－MBWA. html（最后读取时间：2010年10月26日）。

表2.24 决策过程中的有益工具

| 阶段 | 工具和方法 |
|---|---|
| **认识** | 症状识别（列出所有可见的表现形态、后果和已确认的影响；可以开始对这些表现进行归类） |
| **分析**<br>复杂性<br>问题起因的确认<br>问题的阐述 | 检验关键性假设<br>收集与问题存在的可能背景和产生的影响有关的数据<br>采访能够提供主题信息的人<br>头脑风暴※[1]<br>场景模拟和角色扮演※<br>数据分析<br>力场分析※<br>石川图（原因、影响）※<br>态势分析（SWOT）※<br>宏观环境分析（PESTL）※ |
| **条件**<br>目标、限制以及风险状况 | 头脑风暴 |
| **解决方案**<br>可能的解决方案<br>解决方案的改进 | 头脑风暴<br>力场分析※<br>决策批判：指定一个“持反派意见的人”；利用不同团队分析相同的选项 |
| **决定**<br>方案评估<br>选择<br>决策验证 | 头脑风暴<br>剔除<br>排列优先次序<br>根据目标和限制条件进行评估<br>标准模型 |
| **为未来做准备** | 方案策划<br>“假设性”分析 |
| **一般方法** | 观察、分析、反应与评估（SARA）※ |

〔1〕 用※标注的下文将对这些工具和方法作进一步的描述。

### 2.17.1 头脑风暴

结构化地运用头脑风暴法，在决策过程的任何阶段都是非常有用的。头脑风暴要求每一个人及时发现问题、风险、后果、可行性以及解决方案。

表 2.25 如何组织头脑风暴会议

为了实现效率的最大化，头脑风暴会议应该确立以下几项基本原则：

- 参与者以 8－10 人为佳
- 平等对待所有参与者
- 不将任何意见视为无知或愚蠢，也不应该禁言
- 任何意见的表达都不应受到指责，无论是口头还是肢体语言
- 在头脑风暴会议期间不应提出任何问题
- 参与者不应先入为主
- 表达的意见的数量很重要

与之相似的，关于会议的组织：

- 应当制定游戏规则，并且进行解释，让参与者理解
- 应当清晰地概括手头上的问题
- 每一个参与者在轮到自己发言时都应当表达一项观点
- 应当只以口头形式表达意见，或者以书面形式显示在活动挂图上（在每张便利贴上写出一种想法）
- 应当对意见进行重新汇总
- 应当鼓励对观点进行联想
- 参与者应当最终挑选最值得关注的意见

可能需要考虑的问题：

- 何人、何事、何时、何地、何因，以及如何

### 2.17.2 因果图表（石川图）

石川图（也称鱼骨图）形象地演示了各种不同因素所归属的相关类别，有助于理解诸多原因中不同“家族”之间的关系。在头脑风暴活动中，此类图形也可以用于组织讨论，或者随后用于分析这一活动的结果。

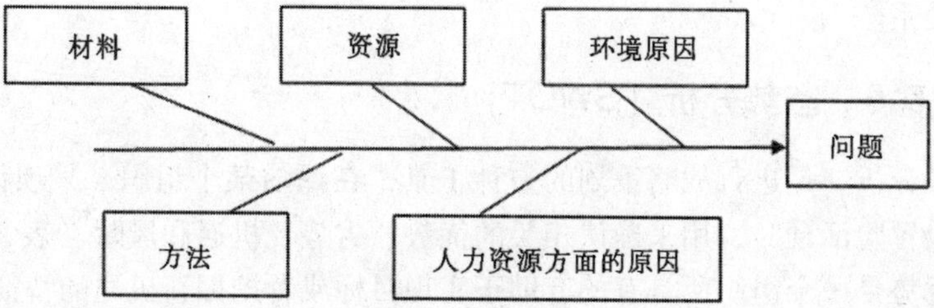


图 2.15 石川图

### 2.17.3 力场分析

为了进行这种分析，首先，就要求参与者确认影响问题解决的冲突力量——积极的或消极的。其次，要根据他们的影响划定力量的等级。最后，判断提升积极力量和削弱消极力量的可能性，以最终解决问题。当然，在此背景下也可以运用头脑风暴法。

### 2.17.4 观察、分析、应对与评估法（SARA 法）

SARA（Scanning，Analysis，Response，Assessment）常用于问题导向型警务（Problem－Oriented Policing，POP）。这一方法的重点在于处理社区和警察所关注的问题的起因，通过警察和社区的合作建立高效的措施。SARA 为构建此类合作模式提供了方法论框架：虽然所涉及的四个步骤（观察、分析、反应和评估）一开始就是为解决特定问题而量身定制的，但与此同时，他们实际上也是合理基础模型的衍生物。

- 观察的目的是确认复发问题的后果，从中筛选出需要进一步审视的问题后果。
- 分析是清楚地解释问题（确认相关数据是最关键的因素）。
- 反应主要是指列明选项清单，在他们之间做出选择，并阐明行动计划。
- 评估涉及审查程序、数据和结果。

加拿大皇家骑警（Royal Canadian Mounted Police，RCMP）已经运用并且改进了这种方法，采用一种被称为“CAPRA”[1] 方法的变体，其中更强调客户

〔1〕 CAPRA 是一种解决问题的方法，也是一种循环模式，该模式强调在以下整个过程中需要始终将客户与合作人放在心上：不断调整、重新定义、寻找更多信息、评估、作出反应、再评估、调整反应、再评估。C、A、P、R、A 分别代表这一方法的五个关键概念：Client or Community（理解客户或社区），Acquiring and Analysing（获取和分析信息），Partnerships（建立和维护合作关系），Response（运用反应策略解决问题），Assessment（不断对业绩作出评估）。

和合作关系。

### 2.17.5 态势分析（SWOT）

态势分析，是进行战略策划的一种工具，在评估某个组织，某项计划、行动或商业冒险活动时，用来确认相关的优势、劣势、机遇和风险（表2.26）。

• 优势是一个组织所具有的有助于实现目标或者挖掘新机遇的特征。

• 劣势是一个组织所具有的不利于实现目标或者完成计划的特征。

• 机遇产生于组织外部环境所发生的变化，为组织发展提供了新的可能性，或者为组织的活动创造了有利条件。

• 威胁是组织外部环境发生变化的结果，能够给计划或者活动带来不利影响。

表2.26 态势分析网格表

| | 有助于目标的实现 | 阻碍目标的实现 |
|---|---|---|
| 内部因素 | 优势 | 劣势 |
| 外部因素 | 机遇 | 威胁 |

通过头脑风暴或者运用下文提到的宏观环境分析法，可以评估即将面临的机遇和威胁。

### 2.17.6 情境（Senarios）

情境策划是通过分析影响某一组织的最不确定但很重要的推动因素的性质及其作用，为将来的行动做准备的一种方法。它是一个群体过程，围绕以下目标展开：根据对情况的现有了解做出推断，从中设计、编写出众多不同的情境故事。

以下步骤可能有助于情境的设计：

• 明确要解决的问题。

• 明确主要的利益相关者。

• 描绘基本趋势和驱动力（参见下一小节中宏观环境分析方法的运用）。

• 明确不确定的关键因素，可能或者不可能发生的情况（只是那些相关的、有意义但不可预知的情况才应当被考虑在内，推动因素之间的关系也应当明确）。

• 明确推动因素可能产生的结果（可能、不太有可能、不可能）。

• 构建三种情境（最糟的、最好的和可能的）。

• 确认正在出现的问题，检查应该在哪些方面采取措施或评估在哪些方面可以采取措施。

• 评估各种情境（他们的关系、内在的一致性）。

• 明确研究的需要，以及评估什么地方需要更详细的信息。

情境策划可以应用于诸多方面，如环境分析，设定战略，或者搭建仿真演练的框架等。

在操作环境中，为了确定情况可能发生的变化（对手会做些什么或环境会如何演变），对情境的连续性分析是非常有必要的，这些假设形成了制订应急计划或防范措施的基础。

**案例研究：运用情境策划**

对于一个大型公司来说，在接收、储存和运输贵重物品时都需要顾问来进行风险评估。为了确认风险、缺陷以及改进措施，他会采取下列步骤：

召开头脑风暴会议，由公司列出所有风险，划定风险的级别。与会人员（不同级别的管理者）被要求将自己置身于谋划窃取贵重物品（包括绘画、珠宝和贵重雕像）的违法者的角度，并且还要识别更广泛意义上的一般风险。

在此基础之上，挑选出四个最危险和最有可能实施的行为。

组成四个团队。要求每一个团队设置一种情境，再现四种威胁中的一种。

最终，组织一场战争游戏，其中一个团队将该情境付诸行动，其他三个队伍扮演防御者的角色。这个活动有助于评估安全措施，识别缺陷和不足，还有利于在后续的讨论中研究针对所潜在风险的管控措施。

### 2.17.7　宏观环境分析（PESTL）

运用宏观环境分析法，可以生成针对特殊环境的分析网络，同时有助于为各种情境做准备。宏观环境分析法反映了以制度内不同因素为导向的视角，这些因素包括政治、经济、社会、技术以及法律上的。必须收集和分析以上每个领域内的数据，确认发生的变化及其对组织所产生的影响。与上文所描述的态势分析方法对组织状态的阐述相比较，宏观分析法能使我们更明确地界定这类变化所蕴含的威胁和机遇。

**案例研究：宏观环境分析方法的运用**

在每年一度的头脑风暴会议上，警察指挥官运用下面的这个表格标明并且分析了能够对警察队伍造成影响的环境所发生的变化。例如，新的选举会影响与相关政治当局的关系。宏观环境分析法用来确定会出现什么样的结果，以及如何使任何消极影响最小化，或者创造新的机会（例如，和潜在的新政治领袖建立联系，准备好一个信息包帮助他或者她尽快进入新的角色等）。另外，可以用同样的方法评估立法方面的变化。

如表 2.27 所示，成功的重要因素之一就是要尽可能清晰地列出一份具有代表性的指示单。宏观环境分析对于培养参与式的管理风格非常有用（虽然也有其他方式作为补充，如案头研究、访谈等）。目前头脑风暴已经被证实是一种有效的方法，他能为不同范畴提供新的素材。

表 2.27　宏观环境分析表格

| 因素 | 变化 | 对组织的影响 | 威胁 | 机遇 | 行动自主性 | 可能采取的措施 |
|---|---|---|---|---|---|---|
| 政治的 | | | | | | |
| 经济的 | | | | | | |
| 社会的 | | | | | | |
| 技术的 | | | | | | |
| 法律的 | | | | | | |

## 2.18　决策过程中的信息整合

如第一章和第二章的分析所指出的那样，信息覆盖了决策过程的每一个阶段，从帮助决策者发现问题，到必要时协助提供防范措施，再到支持决策，以及协助监控和未来的准备工作。图 2.16 列明了不同的决策层次与相关的时间框架。

情报的收集与分析具有不同的层次。我们可以在概念化的基础上从战略性、可操作性和战术性三个层面来划分，也可以在地域层面上做出全国性、地区性和本地性的划分。当然，这两种不同角度的划分会有重叠，因为在全国性层面上可以做出战略性分析，在地区性层面上可以做出可操作性分析，而在本地层面上则可以做出战术性分析。而今，跨国合作的发展也推动了第四个层次的出现，即国际性的情报收集与分析。

表 2.28 概括了不同层面的决策与情报之间的关系。

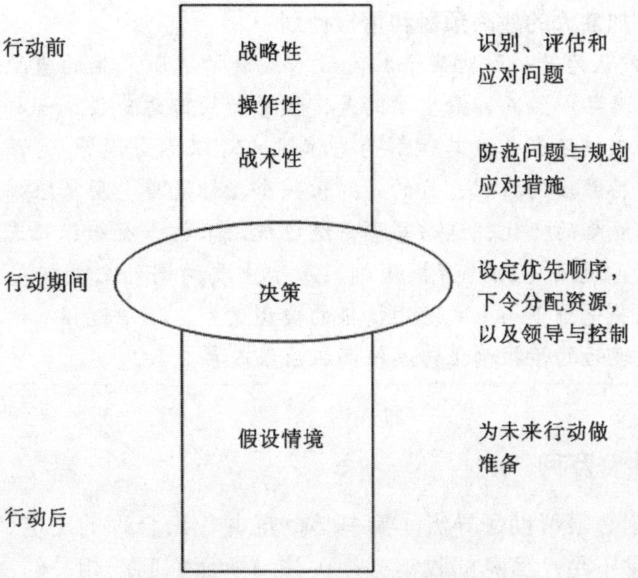


图 2.16　决策层次与时间框架

表 2.28　决策与情报层面

| 层面 | 行动 | 数据 | 方法 | 输出信息 |
|---|---|---|---|---|
| 战略性（国家层面） | 了解所处环境 | 每一类宏观环境分析的指示列表 | 宏观环境分析，指示列表 | 机遇与风险 |
| | 组织的优势和劣势 | 评估所必需的 | 态势分析 | 组织利用机遇和对抗威胁的能力 |
| | 目标与措施 | | | 战略纲要与行动计划 |
| 可操作性（地区层面） | 为了实现战略性目标而进行的必要操作 | 预估、监管和评价 | 根据决策方式进行的项目协作或可操作性管理 | 可操作性指令 |
| 战术性（局部层面） | 为了实现可操作性目标而进行的必要操作 | 控制和监管所采取的行动 | | |

在战略层面上，为了理解任何可能发生的变化，了解环境是非常重要的；这关系到确认新的威胁和机遇，以及评估他们是否会影响到相关的组织和如何影响。

**案例研究：加拿大的战略预警和情报计划**[1]

"预警被认为是一种对某个特定敌人或者情境所产生的威胁和风险做出的情报判断产品。然而，最重要的是，预警必须传达出去；一种分析式的判断只有传达给接受者并被其理解为告诫时才可以称为预警。"预警源于对某种潜在的威胁做出的推测，目的是列出一个指标清单，用来跟踪已确认的威胁及其可能发生的变化，这一军事系统已被用来打击有组织犯罪。预警情报的发展过程再现了传统的情报周期，一个重要的例外之处就是他的开始部分。战略预警是自下而上式运用情报的典型案例，这个过程从情报分析员开始，完成处理后的情报向上传递给高级决策人员。

### 2.18.1 方向

数据收集必须帮助领导者了解具体状况并作出合理的决定。由于时间紧张、资源通常不足，信息的收集必须关注与所面临问题相关的重要部分。因此，领导者提供的信息收集方向至关重要。表2.29中的"5W+H"方案常被用来确定所需要收集和分析的数据。

表2.29 用"5W+H"确定数据收集和数据分析

| 何事（Why） | 目的 |
|---|---|
| 何因（What） | 收集的信息种类 |
| 何人（Who）<br>通过何人（By Whom） | 来源<br>资源 |
| 何地（Where） | 收集的领域 |
| 何时（When） | 收集周期/传递规则 |
| 如何（How） | 方法、资源 |

### 2.18.2 有关信息与收集计划的规则

行动总指挥（或者情报官员，如果是组织部门已确立的重要安排）应清楚地说明在信息规则中他对数据的要求（参见章节1.4.3）：

〔1〕丹尼尔·R. 莫里斯与格里高利·伯丁－奥哈伊昂（Daniel R. Morris and Gregory Baudin－O'Hayon）：《刑事情报的战略预警》，载《风险分析与管理国际手册》，苏黎世理工学院安全研究中心2008年版。

• 需要收集的常规信息在文件中做概要说明，文件不受删改的影响而发挥效用。该文件列出与手头上问题在本质上没有直接关系的普通信息。

• 把特别信息作为某单独规则的一部分来要求，该规则牵涉到特殊案例或状况。

• 标示出关键信息[1]。

### 2.18.3 一般模式

一般模式代表根据益于制订事件计划的“5W + H”方案收集信息的范例。这一模式说明如何运用该信息支持特定活动（表2.30）。

表2.30 应用于一般模式的“5W + H”方案

| 区域 | 信息 | 措施 |
| --- | --- | --- |
| 何事 | 威胁的类型 | 资源的优化使用与配置 |
| 如何 | 敌对方可能实施的行动；情况的可能进展以及惯用方法 | 应急计划；对策 |
| 何人 | 可能的提供者；可能的目标 | 预防措施；保护级别 |
| 何时 | 采取可能行动的时机把握 | 资源的及时配置 |
| 何地 | 在什么地方 | 资源的空间配置 |
| 何因 | 目的 | 计划 |

表2.31中显示的“收集信息规则”模板与表2.30的使用密切相关。

图2.31 “收集信息规则”模板

**信息分类收集规则**

**行动总指挥或者情报官员**

**行动代码**

**信息收集规则**

1. 信息收集的次序

第一：例如，参与人数、攻击性装备、目的、通往示威区以及示威区内的道路状况。

第二：例如，发生在周边地区的事件。

……

---

〔1〕 关键信息，是指那些必须立即传递给行动总指挥而不需要通过整个指挥链传递的信息，因为其能对总指挥的决策产生决定性影响。

2. 信息类型

2.1 关键信息

| 编码 | 关键信息 | 来源 | 传递 |
| --- | --- | --- | --- |
| 如有必要，可以对关键信息进行编码 | 对行动总指挥作出决策极为重要的信息。例如：<br>• 示威者从聚集地离开<br>• 示威者到达×区域<br>• 对安全人员的袭击 | 这些信息是谁提供的 | 已确定的信息传递链<br>关键信息必须直接发送给行动总指挥 |

2.2 特殊信息

| 编码 | 信息 | 收集区域 | 来源 | 传递 |
| --- | --- | --- | --- | --- |
| 如有必要 | 为某一特定行动而专门收集的信息。例如：<br>• X、Y、Z 区域的情况<br>• 参与人数 | 此类信息一般与必须标记的特殊区域有关 | 信息提供者是谁 | 发送规则，如每小时发送给情报官员 |

2.3 常规信息

一般信息，与某个区域或者某项行动没有特殊关系，但对于形势评估可能具有一定价值。必须对这些信息加以详细说明并需要由所有区域的所有信息员提供。例如：

- 封锁区域的布置；
- 暴力事件；
- 公众态度；
- 道路通畅性。

3. 合作

3.1 增援

有关已有归属的补充资源的说明。

3.2 信息交换

必须明确指出合作者，（如有必要）清晰说明信息交换过程中的限制。

4. 特别说明

- 特殊装备；
- 预先准备好的无线电——电话的通信信号；
- 其他。

5. 地点

## 2.19 总结及要点

• 存在不同的决策方式。理性模式有很多优点，特别是该模式系统地提出了决策程序的四个步骤，今后可以作为一个适合不同情况的宏观框架。

• 即使某些具体特性因理性模式应用的背景（如实例所示）而定，但是该模式仍可以适用于不同的情况。

• 提到的决策方式，不仅有助于问题的解决，而且在组织工作、提供选项以及撰写报告等方面都有价值。

• 人们应当意识到决策过程中可能存在的陷阱和缺陷，以及若干种可取的降低决策风险的方法。

• 决策的每一个阶段，都可能会运用特定的方法。虽然情报圈主要运用于第一个阶段，但是，情报整合却贯穿于决策的全过程，并且经过适当的调整，符合每个决策阶段的特殊需要。

• 决策过程的效率，在很大程度上取决于信息管理。其应该以以下四个特征为指导：

- 清晰地表述了对信息的要求；
- 为了避免过于分散精力和资源，应当明确信息的优先次序；
- 重点放在及时传递而不是分析说明所收集的信息上；
- 识别与利用能够提供所需信息的所有来源。

• 必须降低与信息相关的下列风险：

- 缺乏清晰度的信息要求；
- 信息来源的使用范围太窄；
- 不能清楚地辨别信息的接收者；
- 常规信息和特殊信息的混淆。

**决策操作链的第三个部分：战术和资源部署**

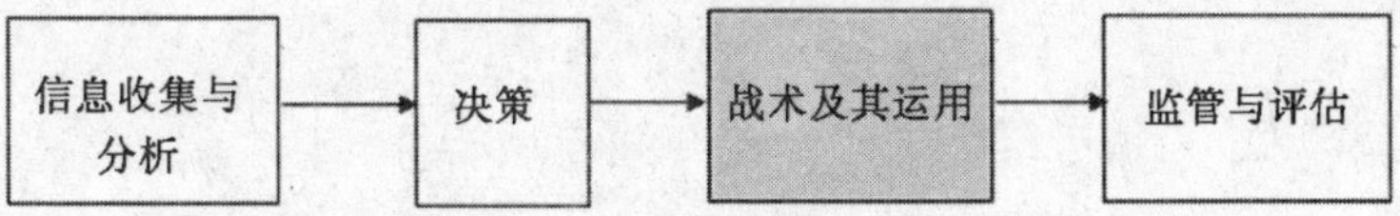


图 2. 17　战术及其运用是决策过程的第三个阶段

## 宗　旨

本部分概要性地介绍了重要的警务策略，对一些策略性思考进行了研究，探讨如何提高资源利用效率，并且对特殊策略选择过程中所遇到的某些问题进行了梳理分析。

## 2.20　战术的含义是什么

“战术”（tactics）一词有多种含义。考虑到本书的目的，应当结合第一章所描述的框架中的目的、方法和手段，在此三重角度上来理解战术的内涵。就此而言，战术是实现战略目标的方式。战略可以被更宽泛地理解为为满足所有目标而设计的大方向；战术则属于执行阶段的范畴，在这个阶段，通过与特定行动相关的决策来实施相应的战略。战略在很大程度上由可供使用的手段所决定，而战术则是以最有效的方式来运用这些手段。战术和手段因此具有很强的相互依赖性。

## 2.21　警务战术的框架

下面这个框架表概括性地展示了在战略、操作、战术或个体层面上可以用来实现目标的战术（表2.32）。这些战术可服务于预防和压制的目的。

表 2.32 警务战术框架

| 层次 | 说明 | 战术类型[1] |
|---|---|---|
| 政策和战略 | (警察层面) 打击犯罪的长期战略，重点围绕一种新的警务模式，这种模式涉及诸多领域的变化，包括方式、组织、培训以及与安全部门的其他参与者的交流<br>总体目标：通过与其他安全系统人员或社会的合作，更好地预防和打击犯罪<br>这些战略会使用不同的战术 | 此处应当谈及综合了各种战术的警务模式（宽泛的概念）：<br>• 问题导向型警务<br>• 社区警务<br>• 情报主导警务<br>• 零容忍警务 |
| 操作上的 | 在警务层面上或者在特殊区域内使用的战术，能够支持有计划的行动，该行动旨在解决某一时期内某一地方严重的、长期存在的、界定清晰的问题[2]<br>总体目的：抑制或者减少特定区域内的犯罪现象，避免在重大事件期间出现骚乱 | • 制裁<br>• 群体控制<br>• 重大事件的安全保障<br>• 风险导向警务<br>• 反危险驾驶运动<br>• 针对惯犯和重罪犯 |
| 战术上的[3] | 在部署巡逻任务或者小分队时使用的策略，这些策略满足日常的操作要求，也可以应对有可能发生的特殊事件<br>总体目标：制止与预防犯罪 | • 随机巡逻<br>• 高可见度巡逻<br>• 低可见度巡逻<br>• 定向威慑巡逻<br>• 目标导向型巡逻<br>• 分量分头式巡逻 |
| | 在紧急情况下处置危险分子所用的战术 | • 特警队<br>• 应急小组，谈判小组<br>• 防爆小组 |
| | 警察车辆驾驶战术 | • 攻防驾驶<br>• 追逐驾驶<br>• 设置路障<br>• 车辆截停，一般风险和高风险 |

[1] 这些策略将在本章的附录中予以介绍。

[2] 《内部安全协定》，莫里斯·卡森、博诺伊特·杜邦、弗里德里克·乐米耶（Maurice Cusson, Benoit Dupont and Frederic Lemieux）（编辑），前文已引述，第131页。

[3] 查尔斯·海尔（Charles D. Hale）：《警察巡逻：操作与管理》，培生教育出版集团2004年版，第360页及后。

续表

| 层次 | 说明 | 战术类型[1] |
|---|---|---|
| | 犯罪现场<br><br><br><br>调查策略 | • 接近现场以及安全<br>• 现场管理<br>• 辨认：目击者调查；取证分析<br>• 地点：监控<br>• 构建证据 |
| 个体的 | 个体警官为完成任务且确保安全时所运用的进攻性和防御性战术 | 徒手搏斗<br>射击，使用警棍、胡椒喷雾器以及手铐 |

## 2.22 战术性思考

为了配置资源，在探讨选择何种战术时，需要考虑以下四项原则（表 2.33）。在决策过程中遵循这些原则对活动操作主管有所帮助。

**表 2.33 影响策略选择的原则**

| 原则 | 展开 |
|---|---|
| 行动自由原则（灵活性） | 行动操作主管必须有能力确保运行不间断进行；这尤其取决于长远计划的制订和是否能确定可以使用后备力量应对新的事态发展 |
| 资源集中原则 | 军事史告诉我们，在关键的部位集中力量攻击某一支更强大军队，是可以击败它的<br>通过（锁定目标的）情报研判来确定一个热点并对之集中警力，可以取得良好的效果 |
| 资源适当配置原则 | 资源的适当配置有助于资源的高效利用。就此而言，专业人员与多面手之间的充分平衡是很重要的 |
| 间接方式或行动的多样化原则 | 强化安全系统和公民社会中参与者之间的合作与协调，有助于提升运行的实际效果，有利于减少问题的出现 |

[1] 这些策略将在本章的附录中予以介绍。

**案例研究：英国的战争原则**

- 选择并保持目标（指挥官在任何时候都应当只有一个目标，这一目标将决定所有行动）。
- 保持士气（在部分程度上借助某个共同的目标意识来维持）。
- 攻击行动（赋予进攻者主动的意志状态）。
- 意外因素。
- 安全（减少易受攻击的弱点，要求精确预测风险）。
- 集中武力（在关键的时间和地点要有比对手更强的力量）。
- 投入经济有效（资源投入得当且有成本效益）。
- 灵活性（有能够适应不可预测的军事行动的能力）。
- 互相协作（所有相关单位的团队精神）。
- 管理（有示范效应的员工工作表现，高效的后勤）。

## 2.23 一致性

第一章中所采用的表示连贯性的三角形表明，建立目的、方法与手段之间的一致性有多么重要（图2.18）。与此同时，应当注意的是，除了这个过程的反复性之外并无路径上的对与错。策略的选择尤其要根据可行的手段做出，兼顾质与量两个方面。因此，资源意味着约束。

就此而言，灵活多变的资源可以为决策者提供更丰富的操作上的选择。因此，为了获得这种灵活性，警务指挥官必须树立一个可以通过设计各种状况来培养灵活性、从而提升他行动自由的目标，那么，怎样才能达到这一成果呢？

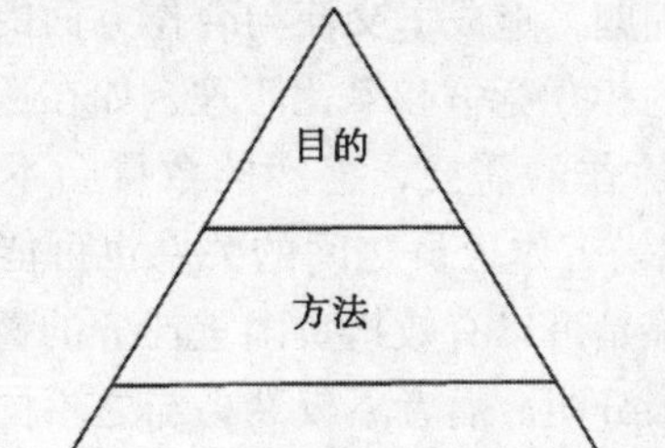


图2.18 三角图

## 2.24 如何提高资源运用的灵活性

人们首先要明白在使用资源的过程中什么会限制这种灵活性？这个问题的主要障碍性因素在表 2.34 中作了概要说明。在此之后，我们将会分析如何克服这些制约因素。

表 2.34 资源灵活性的制约因素

| | |
|---|---|
| 技能的有效性 | 缺乏必要技能。例如，对于大多数警察部门而言，并不是所有警官都接受过群体控制干预方面的训练 |
| 权威的有效性 | 没有可资利用的必要权威（例如，法律权力）；或许有警察机构的人员，但是他们没有执行特定任务的必要权威 |
| 人员的有效性 | 相对于任务而言，可供使用的人员的数量不足 |
| 时间的有效性 | 行动期间没有资源或者只有部分资源可供使用。例如，增援力量只能在有限的时间内得到利用，而不足以维持事件的整个过程 |
| 空间的有效性 | 在行动区域内缺少必要的资源或者只有部分可利用的资源 |
| 装备的缺乏或不足 | 这类因素会减少能够完成某项任务的人员数量 |

### 2.24.1 技能的有效性

避免缺乏必备技能的逻辑方法就是通过降低专业性并提高多面手的数量来增强警务人员的灵活性。如果说在大型部门里，专业性的诸多优点都集中在更高的效率和效益上，那么人们也应该认识到一个重大的缺点，那就是它带来了使组织结构更加复杂的问题，造成了交流与合作方面的困难。专业性也增强了警察队伍不同分支之间的相互竞争和攀比心理，如在巡警和刑警之间，由于专业性的提高，为了满足协作的需要，警察的数量会不断地增加，随之而来的是，现场警官[1]和非现场工作人员之间的关系也可能会日益紧张。警察队伍专业化的另一个不良后果是可以有效担负多重任务的警官数量大大减少，着装警察和便衣侦探之间界限分明。后者不仅装备与之不同，而且可能也没有接受过类似的培训。结果他们无法被整合到防暴单位或其他警力当中，如果所有警察都通过了相同的基础培训，从而在必要的时候可以统一调配，那么从理论上

〔1〕 现场警官是指那些直接接触某个案件或问题的人。

说，执行特定任务的警员也许就没有那么匮乏了。

专业性也可以表现在地域环境方面：卡森（Cusson）[1]区分了警察在某一区域内实施的一般监管与处置特殊问题的有计划行动之间的差异。例如，为了打击毒品交易，在特定时期、特定区域内集中力量实施专项治理行动。此类专项行动比一般监管活动的效果要更好，但却受制于缺乏可用人员。因此，如何在执行一般性监管任务的警察与致力于有计划行动的警察之间取得最佳平衡，成为一个重要问题。1977 年，由格林伍德、柴肯和彼得西里亚（Peter W. Greenwood，Jan Chaiken，John Peersilia）承担的研究项目在警察圈子里引发了激烈的讨论。[2] 这项研究表明，调查人员完成的任务至少有一半是可有可无的，因为大部分案件可以通过证人提供的信息得到解决。巡警一般都会最早到达现场，在肇事者的身份识别上他们的作用至关重要，因为他们负责对能够提供情报的个人进行初步访谈。但问题是，增加巡警而减少调查者的数量是否会更为有效率？社区警察和其他警队成员之间的均衡问题也可能面临同样的困境。

**案例研究：社区警察与干预性巡逻**

瑞士沃州的经验表明不同警察部门之间最佳比例问题的重要性。在该州警察和市属警察合并计划的背景下（此计划导致了市属警察和地方警察之间的强烈对立）相关人员选择了三个试点地区，在这里，所有的干预性巡逻由州警察管理，而社区警察则由市警察管理。为了达到规定的干预性巡逻标准（地区四十分钟，州二十分钟），巡逻车的数量必须增加，一些市属警察被编入瑞士沃州的机动部队中。地方警察当局很快便抱怨，现场能够出警的警察减少了，公众也有了不安全的感觉。尽管没有证据来表明这一点，但当局认为安全水平在下降，合并计划随之废止，这意味着维持若干支警力的存在会继续妨碍总体效率。

在多面手和专业人员之间做出选择是一个难题，也没有正确或者简单的答案。即使多面手更适合去从事多样性的行动，但他们的知识水平对于某些任务而言又显得太低。培训不可能是为了弥补所有的不足；试图使所有警力达到可以应对各类活动的同等水平所需的投入是不现实的。许多任务只有专业人员才

〔1〕 莫里斯·卡森（Maurice Cusson）：《警察的策略问题》，载《内部安全条约》，第 130 页。

〔2〕 彼得·格林伍德，让·柴肯，约翰·皮尔西里亚及琳达普鲁索夫（Peter W. Greenwood，Jan Chaiken，John Peersilia and Linda Prusoff）：《犯罪调查过程》，莱克星顿健康与伙伴出版公司 1977 年版。

能掌握。但问题是，随着警务工作变得日益复杂，这些任务的数量往往在成倍增长。对于警察队伍的组织和管理，这种趋势将会带来不利后果。每一种新型犯罪的出现，都会催生有针对性的回应，经常会导致特别行动小组或者专业化单位的出现。因为人们不可能在当前的框架下应对接连不断出现的新现象，这些特别行动小组和单位免不了都是常设性的，他们对组织、管理和财政都有着超乎寻常的影响。一个永久性的组织往往需要一个稳定持久的管理者，同时也需要为其配备一名助理，也可能配备一位秘书、办公场所和新的办公设备。因此，即使没有招聘新员工，特别行动小组和单位的出现对警察队伍整个人力资源的影响，不久也会在组织内部的其他领域内感受得到。由于警官们会强烈支持向他们敞开着的新的晋升机会，负责人在把控这种变化时将会遇到困难。就组织方面而言，除了因新的专业化团队的出现造成灵活性丧失之外，组织的碎片化也会影响情报信息的流动以及不同警察部门之间的关系：部门之间的嫉妒心可能会增强，地方割据现象也可能会因组织统一体的瓦解而出现。

尽管如此，我们也不能得出专业化在本质上有害的结论，实际上专业化也许具有一定的必要性，一个由众多多面手组成的团队也会暴露出它的缺点。在类似警察所面临的复杂环境中，这种体制的效率可能是低下的。解决方法应当具有实用性，我们应该分析哪里有必要采用专业化，专业化应该限于哪些领域。例如，以下两个案例：

**案例研究：道路交通警察**

在瑞士，20 世纪 60 年代对于警察来说最大的困难就是交通事故。日益增长的交通量和高速公路建设导致了一个新警种即交通警察的出现。为了彰显他们的不同，交通警察开着大马力的警车，穿着与众不同的警服（黑色大靴子也是其特色之一）。警察队伍里出现了一种不同的文化。交警视自己为警队中的贵族，看不起其他着制服的警察。后者则毫不吝啬地批评对方，以示反击。有时这种紧张关系发展到不允许交警进入警局的地步。20 世纪 70 年代中期犯罪率的急剧上升改变了这一状况，人们开始重新评估形势。警局负责人认识到，把着制服的警察分成互不相干的两种类型会带来巨大的财力成本和资源利用成本。因此，当局将交警并入其他团队，或者显著扩大交警在管辖区域内的责任范围。而专业人员被保留下来，承担十分特殊的任务，如雷达与车辆控制。这个结果非常成功，警队的紧张氛围得到改观，可用来打击犯罪的人员数量也有所增加。

**案例研究：反车辆偷盗小组**

20世纪90年代，瑞士一个警察机关的相关数据分析指出汽车偷盗的经济影响。分析表明，这类犯罪所带来的收益比入室盗窃要高。为处理好这一问题，警方成立了一个专案组，并且很快就产生了效果。几个犯罪团伙被解散，情况恢复正常。后来，这个特别行动组被遣散了，其成员也回到了各自原来的单位。这些警察对于此决定感到不满，因为如果继续待在这个新团队里，他们本来有望获得新的晋升机会。

什么措施可以限制前面所提到的那些不足呢？根据上述两个案例，人们可以采取下列这些方式中的一种或更多种：

- 在专业人员和多面手之间建立合理的平衡——当对专门知识的特别需要不能通过其他方式来实现时才能设置专业性岗位。
- 评估某项活动的效用，并在适当的情况下考虑终止活动或者外包。
- 为了降低组织的碎片化，应尽可能地将组织和层级结构简单化。
- 为了避免组织亚文化的滋生，要确保单位之间的循环机制。
- 不要把特别工作组转变为永久性团队。
- 定期对组织进行评估，以确保完成必要的改变。

### 2.24.2 权威的有效性

当一个处理事故的警察没有充分权力采取必要行动（如没有合法的权力采取某项行动）时便有可能出现问题。当同一个地盘的不同警察根据不同的法定权力去操作时，情况尤其如此。调查者或许也会享有其他警察所没有的特殊权力。例如，在法国主要有三类警察：国家警察、宪兵和市政警察。只有前两类有完整的警察执法权，而大部分执法活动市政警察是没有权力行使的。在州联邦制国家瑞士，好几个州都有不同警力。除了极个别的例外情况外，只有州属警察机构的成员才有权处置犯罪活动。当有些警官享有充分警察权而其他警官却没有时，便会有问题出现。最普遍问题是当面对那些没有强制权力去采取行动的警察时，受害人会有挫败感。下面的案例就充分显示了在此类状况下所出现的困难：

**案例研究：去哪里投诉？**

一天晚上8点左右，在瑞士洛桑附近的一个小镇上，两个年轻女孩被抢劫。她们去镇警察局报警，但接待警员向她们解释说，他不能接警，因为他无权这么做。他让这两个女孩去位于同一个镇的州警察站，但州警察站下午6点下班之后由地区巡逻中心履行职责。两个女孩决定去附近的洛桑市警察局，在这儿警察也不能受理她们的投诉，因为抢劫案发生在市警察局管辖区域之外。两位女孩被送到了镇上已经关门的州警察站，不过，这次她们看到大楼的一扇窗子还亮着灯，于是就爬上楼梯，敲开了房门。一位男子打开房门倾听了她们的遭遇，并对她们的处境表示同情，但是很遗憾，他也无能为力。这个人是负责州安全事务的长官，但他无权处理她们所遇到的问题。最后，这位长官派车把两个女孩送到了州警察总部，在这里她们的申诉得到了受理。这是一个真实的故事，其表明拥有不同权力的不同警察共存于一个辖区所造成的问题，任何灵活配置资源的能力在这样的环境中都必然会被削弱。

为了弥合这种对立状况，人们又提出了不同的解决方法，有的甚至已经开始实施了。为了使当地警察获得更多权力去处理这一类问题，一些市政当局已经向州政府提出了请求。然而，这些解决方案只会在整个警察圈子里导致更大的混乱，从而加剧警察之间的竞争。这种毫无意义的竞争会导致信息的藏匿，使协调措施更加复杂化或造成警察之间自我意识的冲突，而所有这些因素都会影响警察的办事效率。

**案例研究：1996年亚特兰大奥运会**

1996年夏季奥运会开幕的前一周，保安总部在大亚特兰大酒店成立了。这里设立了一个具有现代功能的控制运行中心，每一个部门都有一个设备齐全的工作区域。许多事务部门都在此处设立了代表处：有宾馆安保部门、城镇警察部门、县警察部门、州警察、联邦政府机构、联邦调查局、美国执法官和美国特勤局，还有国民警卫队和常规部队。问题是“谁来负责”？答案是“根据案情而定”。例如，宾馆保安负责宾馆内发生的偷窃案件，而市警察则负责调查处理谋杀案件。来自州外的犯罪行为人实施的谋杀案，则由联邦调查局负责处理。如此一来所导致的问题就是在面对复杂案件时需确定一个领导机构，但这一过程可能会导致错失宝贵的时间。例如，在奥运会开幕几天以后的一个晚上，一枚炸弹在百年纪念公园爆炸了。根据消息灵通人士的说法，谁来负责通报媒体这个问题倒成了主要的关注事项，大家至少花了两个小时来热烈讨论解决方案。

**案例研究：在美国某个城市停车**

更有趣的一件事是，在匡蒂科的联邦调查局国家学院，一位瑞士警官和几位美国朋友前往附近的城市，但发现在那儿很难找到一个停车场。当他们看到一个警用停车场时，这位警官提议大家在这里停车，但司机回应说："不行，如果知道我们是联邦调查局的，他们会双倍罚款。"

那么，采取什么措施可以减少这些不便呢？

• 虽然从政治上来说难以实现，但是这种极端措施会减少在某个特定管辖区内运作的警察队伍的数量。在理想的状况下，警察应该只有一种，其所有成员可以行使相同的警察权力。整合不同的警力可以达到此目标。在瑞士的某些州已经实现了这种改变，但在其他州则遭遇失败。在加拿大，警察在区域化方面所做的尝试极大地改善了这种状况。

• 如果这种变革不可行，原子式组织结构的弊端在合法的条件下是可以被减少的。可以十分确定地说，一支（向领区内最高政治级别汇报的）主要警察力量，有权指挥或者在必要时要求其他警力配合协作。当发生重大事件需要从不同的警力中抽调人员组建一支庞大的分遣队，或当案件，如系列盗窃案，涉及不同政治势力范围时，就必须进行集中管理，这一点显得尤为重要。除非建立清晰的规则，否则市政当局不可能愿意将部分警力置于联邦、政府和州警察的控制之下，这样一来就会影响运行效率。为了加强合作，减少人际对抗（如唯我独尊所引起的冲突或者不同警队之间的相互偏见），有人倾向于建立操作或者联络委员会，但这并不能提高办事效率，因为这类团体通常不适合迅速明确地作出决定。

• 有一种体系或许可以厘清不同独立警种之间的关系和相互作用，其与采用目标导向的运行管理制度（Operational Management by Objectives，OMBO）相关。从本质上说，这一制度只有在相关各方同意合作时才能建立起来。根据收集和分析的情报确定目标，能够为资源配置奠定基础。在具有自主权的警力已经同意建立更加有效的合作机制的情况下，这些目标应当有助于分配合作任务和制定合作规则。这一可能的运作体系可以根据表 2. 35 来规划。

• 加强不同警种之间的合作也可以解决资源、专业和成本问题，同时还可以提高跨辖区的效率和效益，正如下文关于"凶杀案综合调查小组"的案例研究所强调的那样。

表 2.35　目标导向的运行管理体系

| 目标类型 | 定义 | 谁确定目标 | 行动主管 | 优先项 |
|---|---|---|---|---|
| 战略性/国家的 | 涉及属于总体战略的操作活动，或者涵盖整个区域（或其诸多辖区） | 政治当局，他们运用社区协商、环境观察和犯罪情报分析等一系列工具同州警察总长进行磋商 | 警察局局长 | 这些目标是总体性的，任务执行和工作汇报带有强制性 |
| 操作性/区域的 | 涵盖一个明确划定的区域范围内若干个司法管辖区；区域资源充沛，如有必要，高级管理人员进行授权予以增援 | 地区长官，如果需要可以与地方当局合作运用上述工具 | 地区长官 | 这些目标与战略目标无论在何时都保持一致，这些目标也优先于地方目标；进度报告向所有人提供 |
| 战术性/地方的 | 是在一个单独的司法管辖区内执行的活动 | 运用上述相同工具的警察和地方当局 | 地方长官 | 在向更高级别报告相关信息的同时，可能会请求地方上的增援 |

**案例研究：凶杀案综合调查小组**

凶杀案综合调查小组负责调查发生在由加拿大皇家骑警队和阿伯斯福特、新威斯敏斯特、穆迪港市警察局管辖的英属哥伦比亚低陆平原地区的凶杀案件、涉警枪杀人案件和在押人员死亡案件。这个调查小组是真正的综合性团队，由四个警察机构联合执行调查任务。综合调查的一个优势是，在某些调查领域内专家能够胜任处理特殊问题。这种整合也可以让合作机构迅速地部署一个由专业调查人员组成的完整团队去处理任何谋杀案件。凶杀案综合调查小组共有109名成员，其中84人是调查人员或者探员。

**案例研究：加拿大借助风险管理程序来确认战略优先事项**

加拿大皇家骑警队利用风险管理程序帮助其确认战略优先事项。这些优先事项受到许多因素和参与者的影响，如政府和不可预知的环境等。然而，在大多数情况下，设置重点的过程是建立在风险分析的基础上的。

虽然概念相同，但是皇家骑警队的各管辖权区域所采用的方式是不同的。例如，在萨斯喀彻温省，警察收集并分析来源众多的数据，如警察分遣或驻扎计划、单位品质保证、某个自我审查的正式结构、地方或者区域内的威胁评估、环境观察、审核和评论报告等。确认所面临风险的风险记录册是根据地方和区域层面上的执法和管理活动构建的。当在一个层面上不能控制某个风险时，问题就会被转给上一级，直至达到该省内这个组织的顶层。因此，在这个阶段，萨斯喀彻温省指挥官的风险记录册被用来为（当作绩效管理工具使用的）综合评价卡制订战略计划和设置重点。风险记录册也被用于与管理者达成绩效协议，确定审核和复查的流程。每个方面都涉及一个独立的报告程序和时间表，所有这些都会反馈到风险评估的下一个周期。

为了管理、监管、通报和主导这个过程，有必要组建一个专门的行动战略分支机构。该机构的组建应当将通信、战略支持、商业支持和行动支持元素包括在内，通信人员确保全方位地处理内外通信活动，包含研究分析员和规划者的战略支持对风险评估过程予以协助。缓解策略一旦确定，战略支持便将其适当地整合到计划和报告工具中。战略支持人员协助战略发展、后续评估、结果解读，以及寻找最佳实践和经验数据，以确保战略是基于证据而制定的。业务支持人员提供所有财务管理方面的援助，包括向一线警察管理人员提供直接帮助。行动支持人员向派遣队、驻地和地区指挥官提供直接援助，协助其履行对地方当局的警务责任，满足其人力资源配备和设备方面的需求。

### 2.24.3 人员的有效性

我们也许不可能召集足够的资源去应对一种复杂的情况，或者说资源只能在有限时间的框架内获得。力量被分散到不同的管辖区域和政治势力范围内也可能导致复杂问题的产生。这样的事例可能会在一个国家举办大型活动，如奥运会或 G20 峰会时发生。还有规模较小的事件，如在有足球比赛的周五和周六的夜晚，容易出现流氓行为，寻衅挑逗活动上升。在大多数情况下，当地方警务力量不能单独应对这些问题时，必须寻求外部力量的增援。这种增援不可能永久性地提供，或者至少不可能总是在要求的期限内得到满足。

我们现在考虑能够减少这些不便的措施。四种措施——确立目标，后备力量的使用，渐进增援，合作关系——提供了应对这些问题的最佳途径。这四种措施通常可以组合使用。

## 目　标

此处确立目标包括确定危险的等级并相应地部署力量。

表 2. 36 和表 2. 37 是 1988 年加拿大卡尔加里冬奥会期间被有效使用的系统简化表。比赛在许多偏远的场地举行，如果要确保所有场地全天候的安全，需要动用大批警员，而这些条件是加拿大警方所不具备的。考虑到如下因素，一种调度系统被设想出来：即体育比赛不可能在所有场地同时举行；比赛并不能引起同等的关注度和吸引同样多的观众；不同国家的运动员和官员引发的危险是不同的。情报的作用是评估在各场地举办的不同比赛的风险。表 2. 36 确立了四个风险级别：

**表 2. 36　假想赛事的四个风险级别**

| 状态 | 定义 | 部署 | 支援 |
| --- | --- | --- | --- |
| 安静期 | 无比赛 | 摄像监视，私人安全警卫 | 指挥中心 |
| 一级 | 比赛不存在潜在问题或可预见的危险 | 少量部署 | 后备力量 1 小时内可投入使用 |
| 二级 | 比赛存在发生事故的有限潜在风险 | 常规部署 | 后备力量可在 15 分钟内投入使用 |
| 三级 | 比赛有发生重大事故的可能 | 常规部署的加强 | 后备力量投入使用 |

可以根据可供部署的资源作出决定，而有关资源部署的决定将根据上述判断做出。一张显示每一天和每个场地危险等级的统一图表就此确定下来。表 2. 37 仅涉及某个具体场地：

**表 2. 37　假想赛事风险网格图**

| 天<br>时 段 | 第一天 | 第二天 | 第三天 | 第四天 |
| --- | --- | --- | --- | --- |
| 早上 | 一级 | 安静期 | 安静期 | 二级 |
| 下午 | 一级 | 二级 | 二级 | 一级 |
| 傍晚 | 三级 | 安静期 | 二级 | 三级 |
| 夜晚 | 安静期 | 安静期 | 一级 | 安静期 |

**后备力量的使用**

保有后备力量是一项古老的军事原则。通过投入新的力量巩固优势或填补缺口，后备力量可以增加指挥官的战场影响力。

后备力量可以使军事或警务活动指挥官保持行动自由以及对活动的发展做出快速反应，同时也可用以解决可用人员减少的问题。

> **案例研究：1940 年，法国军队无后备力量**
>
> 追究法国在“二战”期间军事失败的根源，可以发现他们缺乏对后备力量原则的尊重。1940 年，时任英国首相温斯顿·丘吉尔视察沿德国边界部署的法军防线时惊呆了。法国军队被部署在从海洋到瑞士边境一带。当丘吉尔问到法军最高指挥官魏刚将军有关后备力量的问题时，他被告知没有后备军队。随后德国的进攻证实了正是后备力量的缺乏导致了法国的失败。

警察组织因资源经常不足而必须追求更高的行动效率，因此，以上这两个例子同样可以适用于警察队伍。我们可以从中汲取两种教训：一是均匀分布力量使每一处都可能存在不足，二是更灵活部署资源可以部分弥补人员的不足。上述两点在重新设计警察力量的结构时必须予以考虑，他们应该对区域力量与流动力量之间的平衡起到影响作用（如警察驻地的数量相对于流动巡逻的次数），并提示领导人仔细研究如何才能建立机动后备力量。

> **案例研究：苏联边境的防卫改革**
>
> 苏联时期，被征召的士兵在国防部下属的边境防卫组织服役，该组织具有军事性质，边境也被视为防线，庞大的人员足以支撑可以全线巡查边境的战略。苏联解体后，各加盟国的独立导致安全制度的改革。边境防卫被移交给内政部，这就意味着被征召的士兵逐渐被合同员工所取代，造成人力资源的严重减少，使控制边境每一公里的战略不再有实现的可能。同时，随着冷战的结束，边境威胁发生变化，毒品、贩卖人口和恐怖主义成为新的重要安全议题。因此，必须设计出一种新的战略，强调边境管理和边境防卫任务的执法层面而非防务层面。将整个安全部队投入边境的做法将不再可行，在此环境下，有关机构必须从边境防卫转换为区域管理；需要找到新的解决方案，如在边境安装更好的监控设备，加强部署的深度，提高灵活性和反应能力。有可能同时应对专业化和新威胁双重挑战的唯一途径就是在每一地区设立机动部队并确保其可用性。

可以用不同方法建立后备能力。

• 一支后备力量可以由机构内或机构外长期的特别派遣队构成。比如，法国自卫队是由地方宪兵队、机动宪兵队和一些特殊分支机构组成的。地方宪兵队负责公共秩序和一般警察职能并被划分到管辖区的站点（有3600个之多）。机动宪兵队主要负责维持公共秩序，因此常被作为“部门最高行政长官”（Préfets）手中的后备力量使用。法国国家警察局内部存在同样的组织，如“共和国安全协会”（Compagnies républicaine de sécurité，CRS）。在德国，每个州（Land）都有名为“百人军团”（Hunderstchaften）的特殊单位，并以高效机动著称。在国家层面上，“联邦警察”（Bundespolize，旧称Grenzschutz，即边防警卫）可应一州之长（Lander）的请求协助处理大型活动。

• 后备力量的形成也可来自其他警务力量的增援。在一些没有国家警务力量存在但当地力量又不能满足大型活动需要的州，可以建立起精细、复杂的增援制度。如在瑞士，一套循序渐进的机动制度已经建立并取得积极成效。

• 一支警务力量也可在组织内部设立自己的后备力量。大规模的警察队伍甚至可以为此设置一个特别单位。另外，也可选择通过呼叫系统为警官的机动化做准备，或召集由来自不同分局的警察在轮班（如周五、周六和周日晚上）的基础上组成临时班组。

**案例研究：后备力量的高效使用**

后备力量对活动负责人行动自由的重要性取决于他运用这支额外力量的能力。1983年（近年来情况有所变化），里昂的罗纳－阿尔卑斯精锐宪兵军团是法国最大的宪兵队之一。有一天，此军团机动宪兵队的一个骑兵连应部门内最高级别政府代表的命令立刻前往法国南部的蒙彼利埃，当地一些医学院的学生在示威。骑兵连到达现场，布置好警力，但对示威活动他们仅进行了观察，因为活动一直在和平进行。一天后骑兵连返回。但值得注意的是，该军团的指挥官不能使用其机动宪兵队在他负责的区域内采取行动。里昂郊区本来是这些宪兵队可以充分施展的地域，但上校却不能使用他们。该组织仍由部门最高行政长官支配，只有他才能下达任务，这是根据政治而不是根据犯罪行为上的优先考虑展开调度的。

表 2.38　瑞士后备力量的构成

| 级别 | 行动 | 备注 |
|---|---|---|
| 警察机关 | 如果不能处理某一事件，可向上级请求增援 | |
| 州 | 其他警察机关可应请求提供额外的人力资源 | 市政当局必须同意（由警察法规所确立的程序来决定） |
| 区域之间 | 由某一区域内所属州派遣增援力量 | 同一区域内的各州之间有被称为“Concordats”（一种政教协议）的协定，用于规范增援请求程序、合作方义务、保险、花费等。同一协定内的警察力量成立了特别暴动单位，其成员统一装备、共同训练并可根据各州的需要调集和使用 |
| 联邦 | 根据以往约定的分配额由各州派遣增援力量 | 联邦警察具有调遣所需警官的任务 |
| 国际 | 与瑞士签订协议的国家可能会被要求派遣增援力量 | 在 2003 年 G8 活动期间，德国联邦警察派遣了几个“百人军团”协助日内瓦警方 |

**案例研究：加拿大的力量储备制度**

为了使后备力量准备就绪并使用这一增援力量，加拿大提供了多种方案和流程。联邦和省级政府（由加拿大皇家骑警负责警务工作）之间有协议执行。《省级警察服务协议》[1]处理省内、省界外但仍属本省当局负责范围或某个联邦责任区内的紧急事件。

一旦在省辖区内有紧急事件存在或可能发生，负责长官可向该省加拿大皇家骑警指挥官发出书面请求，要求重新做出必要的部署以维持法律和秩序，维护和平并确保人员、财产和社区的安全。

当加拿大皇家骑警的指挥官认为在一个省辖区内有紧急事件发生并可能超出该省管辖范围，在与省级行政长官及联邦部长商议后，可抽调 10% 的省级警务人员以及任何必要的装备处理该紧急事件。当加拿大皇家骑警的指挥官认为有必要使用部分省级警务力量应对在联邦辖区内发生并可能蔓延至全

〔1〕 参见：http://www.pssg.gov.bc.ca/police_services/publications/docs/provincial-police-service-agreement.pdf（上次更新日期：2010 年 11 月 22 日）。

国范围内的紧急事件时，可抽调10%的省级警务人员以及任何必要设备处理该紧急事件。

协议中有涉及特定期限后的费用补偿和后续咨询的条款。这一方法使政府部门和警方无须在每个辖区内花费巨资维持庞大的后备力量，而在需要时就可拥有可供使用的资源。

**合作关系**

通过合作关系增强警察队伍的灵活性取决于对任务的不同划分。有些特定任务可以交由非警务人员完成。在有些国家，辅助人员、特派人员或者临时雇工以及后备警官都可以增援警方。这些人员在大多数情况下都是宝贵的财富。例如，他们可以减轻警方监控任务的压力。在此类情况下，也可以雇佣私人保镖。就拿卡尔加里的冬奥会来说，很多监控任务都是由私人保安或由警方监管的志愿者完成的。

**设　备**

材料和设施也可增强一支警察部队的灵活性。如苏联边防警卫变革所实施的新战略——以减少人员和增强机动性为中心——取决于边防警卫装备足够的车辆和在边境安装足够的监控设备（传感器和摄像头）。

## 2.25　战术选择和运用问题

正如前文所言，有必要强调，在所选定的战术（方法）、面对的问题（明确的目标所代表的目的）和部署的资源（以类型、质量和数量为考量依据的手段）之间保持一致性十分重要。特定战术的选择取决于可供人支配的时间。准备和实施一个社区警务项目所需的时间不能与派遣特警队去制服某个危险犯罪分子相提并论。

时间也是另一个主要的考虑因素的基础：为有效实施战术所必需的准备程度。这与正在被考虑的战术的复杂性相关。举例来说，部署一支由不同警察队伍的增援力量组成的联合警力，就要考虑到为达到令人满意的专业化水平和一致性进行训练和重新训练所必需的时间。一位英国警官在谈到参观爱尔兰和德国边境（1989年前驻扎在此）的军营时说，专业士兵需要数周重新训练才能胜任他们在六个月以前已经执行过的任务。准备阶段是成功运用战术的基础条件。在有些情况下，临场发挥有可能会造成致命伤害。

**案例研究：侦查员之死**

1983 年，一名危险的犯罪嫌疑人劫持人质后从瑞士的一所监狱逃跑。他驾驶的车被拦下，于是他带着被劫持的人质逃到洛桑市郊区一处空旷的建筑内躲避。随后，警方包围了这一地点，曾经抓捕他的侦查员也赶来了。这位侦查员自认为已经和犯罪嫌疑人建立了良好关系，认为有优势可以同犯罪嫌疑人讲道理。因此，在没有武装和防护的情况下，他贸然向前，结果被杀。在这之前，警方既没有制定出处置这一类案件的战术策略，也没受过执行此类干预任务的专门训练。

准备阶段的另一个重要因素涉及情境的预设，应当确认能够影响、抵消和妨碍预定行动的可能事件，并制定应对措施。

准备工作也可以给警方行动提供重要的帮助，如一份由警队发给警察的核对清单，其中包括到达事故现场时需要观察的所有因素。应努力减少在某种状况的压力之下可能造成的错误和疏漏。警官和巡警预计会采取以下三种措施：

- 行动：营救，管理交通，保护证据。
- 组织：确定由谁指挥和谁来传播信息。
- 信息：传递目标，内容，时间，地点，原因和方法。

经验显示，从表面上看似乎应该如此的情况实际上却并非如此。由于警官专心于现场工作，因此信息没有被传递出去的事故频繁发生，而当数名警官同时到达现场时，指挥或许也会成为一个新问题。

下一个成功的因素是训练。除一般训练外，一些针对特别行动的特殊训练也应在时间允许的情况下完成。如表 2. 39 所列出的不同层次的训练必须经常向警察提供。

**表 2. 39　不同层次的训练**

| 谁 | 什么 | 何时 |
|---|---|---|
| 警官 | 自卫，攻击性自卫；驾驶；现场管理 | 警官学院、进修课程 |
| 特别机构，特警，谈判小组，拆弹小组 | 特殊战术 | 专门进修课程 |
| 编队 | 群体控制 | 专门进修课程 |
| 特别机构 | 危机管理 | 专门进修课程 |
| 参谋人员 | 参谋工作 | 专门进修课程 |

续表

| 谁 | 什么 | 何时 |
|---|---|---|
| 监督者 | 领导艺术 | 专门进修课程 |
| 高级警官 | 领导艺术，操作和项目管理 | 专门进修课程 |
| 特别行动人员 | 必要技能；情境预设 | 行动前特殊培训 |

在多数情况下，一项战术的选择取决于对其运用具有指导作用的更大的政策或战略框架。环境将决定战术选择的重点是镇压性的还是预防性的。图 2.19 以预防性/镇压轴线的形式列出了某些政策和战术。

预防性战术与外部人员的参与有关。邻里守望相助计划就是例子，又如私人或公司为保护房宅所采取的安保措施。在这种情况下，过去数年来安全制度出现的最大变化之一就是私人保安公司数量的增加。今天，很多国家私人保安比警察的数量还要多。这导致私人和公共领域之间产生了空间上的划分。后者是由国家代表负责的，前者则由保安公司负责。这种情况会不可避免地导致两种安保受益人的出现。

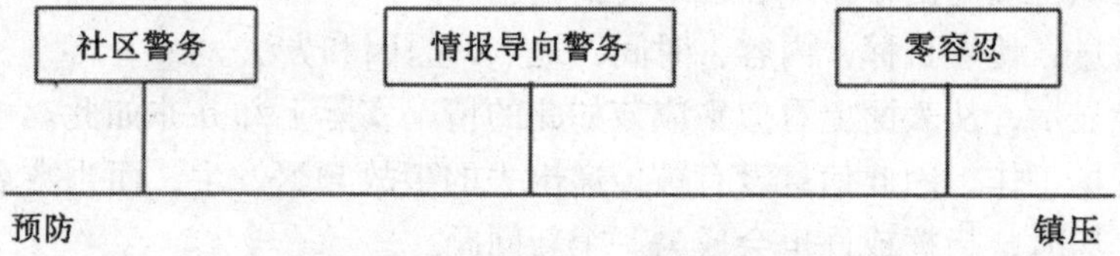


图 2.19 预防性/镇压轴线[1]

法律因素也会限制使用某一战术或在既定的情况下使用特定战术。比如，武器的使用就受到好几种情况的限制。法律的应用方式也需要着重考虑：是严格执行还是灵活应用。在某些情况下，警方被赋予一定的自由裁量权，并在弊可能大于利情况下，有权决定不采取干预行动，尤其是在公共秩序导向的操作环境下（见附录）。

信息管理是决定战术选择和后续执行的一个主要因素。虽然信息、决策、执行与为将来所做的准备之间关系的重要性已经有过阐述，但应该再次强调的

〔1〕 由原纽约市警察局局长 William Bratton 开创的 CompStat 程序是一项战略性的犯罪控制技术，其重点围绕减少犯罪的四个原则：准确及时的情报，有效战术，人员和资源的快速部署，以及持续的后续措施与评估。从根本上说，CompStat 程序是建立在如下原则之上的：通过控制严重犯罪，警方可以更好地维持秩序，改善治安状况并解决其他问题（摘自 Jon M . Shane 的《CompStat 程序》，载《FBI 执法公告》，2004 年 4 月，第 12 - 20 页）。

是，行动主管以及他手下的专职人员必须对其所负责领域内需要收集的信息提出清晰的要求。表 2. 40 包括特定领域内的决策所需的信息。

表 2. 40　决策所需要的信息

| 领域 | 信息类型 |
|---|---|
| 社区警务战略的定义 | 周围环境数据 |
| 问题导向政策的定义 | 与所要解决的问题明确相关的数据 |
| 群体控制 | 活动前：有关示威者、意图、装备的高级信息；<br>活动中：在线信息 |
| 不间断操作 | 用于监视的信息 |
| 警队成员和市民的意见及期望 | 意见调查 |

成功的最后一个重要因素是对已选战术所潜在的负面影响进行评估，以便尽可能地把负面影响降至最低。比如，某一地区的镇压行动造成对某一街道的强化控制，这有可能引起市民的不满。或许有必要提供信息和作出解释，以减少市民可能怀有的愤怒情绪。

## 2.26　总结及要点

• 战术是有效地运用现有手段以达成战略目标的途径。

• 选择战术时决策者必须考虑四个原则：灵活、集中、资源充沛，以及行动多样化。

• 寻求对现有资源的灵活运用是行动负责人的长期任务。

• 后备力量，通才与专才间的合理均衡，授权以及行动目标管理，都是增加灵活性的关键要素。

• 成功的战术选择和战术实施的主要因素是：目标、方法、手段之间的一致性，好的准备工作，足够的训练和恰当的信息管理。

• 实施一项选定的战术，必须考虑以下不同因素：形势，可利用的时间，镇压或预防的目标，法律层面以及其潜在的负面影响。

# 附录2.1

## 警务战术、工具和手段

表2.41将简要地介绍几种可根据使用的层次所选择的战术。

表2.41　战术中的政策和战略

| 战术 | 定义 |
| --- | --- |
| 问题导向警务（POP） | 问题导向警务强调把注意力放在社区期望警方解决的范围较广的问题上。问题导向警务认为，警方的终极目标不仅仅是执法而已，而是有效地解决问题，理想的状态是预防问题的发生。问题导向警务鼓励除刑法外，还要考虑其他多种选择[1]<br>在问题导向警务框架内执行的操作活动，其本质可以是镇压性也可以是预防性的。问题导向警务成功的主要因素在于对问题的准确理解，在于能针对不同问题层面的充分混合解决方案——运用结构良好的方法因此非常重要——以及与不同当事人之间的合作。从问题减少的目标角度来看，通过沟通和咨询获取信息对确认问题、确定优先事项和评判结果都是有必要的 |
| 社区警务（CP） | 社区警务是指执法机关和社区的协同工作，其目的在于确认涉及所有社区因素的犯罪和不当行为问题，并寻求解决方案。斯科根（Skogen）提出社区警务的三重性：市民参与、解决问题和权力分散[2]。社区警务主要是预防性战略，其主要目标是增强公众对警方的信任，满足市民的需要和期望<br>成功的关键因素在于公众和警方之间的信任关系，以及建立与这种警务形式相适应的警察组织。一项数据驱动的战略也是成功的重要因素，结果根据社区的满意度进行测评 |
| 零容忍警务（ZT） | 零容忍警务是一种镇压性的方法，强调在法律与规则的执行过程中不允许有宽大处理和例外情况。这种方法认为，如果次要的粗鲁行为被忽略，一种目无法纪、败坏的社会风气将会出现，从而会为更高级别的犯罪形式的发展创造有利环境<br>成功的关键因素在于能保证零容忍警务有效性的严格执法和公正的司法制度。成果是根据打击目标的减少和市民的满意度来衡量的 |

[1] 杰瑞·莱特克里夫（Jerry Ratcliffe）：《情报主导的警务》，波特兰威兰出版社2008年版，第70页。

[2] 韦斯利·G. 斯科根（Wesley G. Skogan）：《社区警务的前景》，载《警务革新：针锋相对的观点》，纽约剑桥大学出版社2008年版，第27－43页。

续表

| 战术 | 定义 |
|---|---|
| 情报主导警务（ILP） | 情报主导警务运用犯罪情报和犯罪分析作为客观决策的工具，通过从某个证据库中汲取有效的警务策略和外部合作项目[1]，为减少和预防犯罪创造了有利条件 |

表 2.42　可操作性战术

| 战术 | 定义 |
|---|---|
| 特别行动 | 在给定的时间和地点为解决具体问题，如醉酒驾车、毒品走私或在学校吸食毒品等，采取镇压性或预防性措施 |
| 镇压（CD） | 镇压是警方集中大量资源在有限时间内对被已经确定为会引发严重问题的特定目标（地区、人员）进行的抑制和劝阻行动。镇压必须准备充分——目标导向的信息收集是先决条件——而且必须部署充足的资源<br>成功的关键在于警方的准备工作、专注程度和活力（警察仅在现场是不够的，他们必须行动：控制和逮捕）。首次行动前的出奇效果非常重要，但公众对持续一定时期的镇压方式的关注会放大其效应从而起到反作用。镇压的定义和实践包含旨在对问题产生直接影响并有意收集更多信息的有限行动，因此镇压也可以被视为属于问题导向策略范畴的特殊措施 |
| 群体控制 | 警方的任务之一是维持——或在必要情况下恢复——秩序。为此，警方已经制定出有关群体控制和预防骚乱爆发的战术。这些战术可以是预防性也可以是镇压性的，而警方在完成此类任务时所采用的方法使其形象严重受损。在美国，社区警务的发展可以被视为对警方在20世纪60年代对城市骚乱和反越战和平示威者采取的某些粗暴干预行为的一种回应。因此，必须发展维持和恢复秩序的新战术，为完成上述任务，警务部门也要经过特殊训练和拥有特殊装备（在某些国家，一些特殊队伍如“法国机动宪兵队”和“大都会警察地区支援团”被委以维持秩序的任务）<br>运用的战术可以是预防性的（设置障碍，控制通道，现场部署防暴警察）也可以是镇压性的（包围，夹击运动，围堵——也被称为遏制或圈入，清场，指控），武器装备和材料根据情况进行调整并逐步部署：障碍物，催泪弹，橡皮子弹，塑料子弹和豆袋弹<br>以下两项法律原则会对战术的使用产生影响：<br>合法性原则规定，一旦法律、法规被违反，如示威者开始侵占禁止区域或向警方投掷抛射物，警方必须使用适当方式进行干预。这种情况有助于在被允 |

[1] 杰瑞·H. 莱特克里夫（Jerry H. Ratcliffe），前文已引用。

续表

| 战术 | 定义 |
| --- | --- |
| | 许和被禁止的行为之间划定清晰界限，但同时它也可能会激化紧张局势并进而引发冲突<br>法律上的自由裁量原则允许警方在面对示威和示威者时灵活采取应对措施。这一方法考虑到活动、示威者情绪和所有相关方的公共安全，以避免刺激形势。随着示威变得越来越频繁、暴力和有组织性，警方的战术进行了调整，以满足不断变化的挑战的需要。小的暴力示威群体由于分散、动作敏捷，会效仿城市游击队袭击警察。他们还掌握了媒体为其所用。因此，警方必须变得更加灵活，以追捕战术和类似行动取代或至少补充传统的静态部署<br>成功的关键因素是经过改进的情报收集和对暴力示威者集团的渗透。比如，英国警方就派遣前期情报小组在地面收集情报，在某些情况下扰乱暴力活动分子和阻止反社会行为。照相机、摄像机和录音机都被用于监控公众<br>在暴力示威者采取类似的分散行动时，分散化的决策也是示威管理的主导要素（虽然关键决策如使用橡皮子弹可能仍然掌握在行动总指挥的手中） |

**表 2.43 战术工具**

| 战术 | 定义 |
| --- | --- |
| 警察车辆技术和战术 | 主要包括：<br>• 所有警官的警察安全驾驶技术，用于追踪、监控的高级驾驶技能和此类行动参与人员的 VIP 驾驶<br>• 截停和搜查车辆的方法 |
| 随机巡逻〔1〕 | “堪萨斯市预防性巡逻实验”〔2〕证明：增加对某一地区的警察巡逻并不一定能够减少犯罪或改变市民对警察的态度或对犯罪的恐惧。如今警方趋向于根据情报分析设定目标，或向警官提供有关特定巡逻区的有用犯罪信息，以此提高巡逻效率 |
| 高可见度巡逻 | 这些以预防为主的巡逻用来增加巡逻的可见度，他们可以采用多种形式——如步行、开车和骑自行车——重点针对通过增加巡逻可见度可以使犯罪得到最大限度遏制的区域 |

〔1〕 查尔斯 · D. 海尔（Charles D. Hale）：《警务巡逻：操作与管理》，培生教育出版集团 2004 年版。

〔2〕 乔治 · L. 科林，托尼 · 佩特，杜安尼 · 迪克曼及查尔斯 · E. 布朗（George L. Kelling，Tony Pate，Duane Dieckman and Charles E. Brown）：《堪萨斯城预防性巡逻实验：总结报告》，警察基金会 1974 年版，http：//www/policefoundaiton. org/pdf/kcppe. pdf（上次访问日期：2010 年 9 月 21 日）。

续表

| 战术 | 定义 |
| --- | --- |
| 低可见度巡逻 | 这类镇压性工具的目的在于通过增加罪犯逮捕率阻止街头犯罪。可能会使用卧底和便衣警察巡逻，而出其不意和信息是成功的关键要素 |
| 定向威慑性巡逻 | 这类巡逻的目的是预防，根据之前的详细犯罪分析在某一特定区域进行部署。因此，巡逻的时间和位置将根据得到的信息确定 |
| 目标导向巡逻 | 这类巡逻直接针对特定的个人、地点或事件，集合了高可见度巡逻、低可见度巡逻和定向威慑性巡逻的要素 |
| 分量分头式巡逻 | 这是一项由部分巡逻力量执行预防性措施、其余人员响应业务传呼的技术 |

## 侦查战术

侦查战术在广义上可以被理解为在犯罪发生后用来系统处理六个相关领域内重要问题的方法。

**表 2.44　侦查战术指南**

| 问题 | 战术/工具 |
| --- | --- |
| 发生了什么？<br>在哪里发生的？<br>何时发生的？<br>怎样发生的？<br>牵扯到哪些人以及与这些人有何牵连？<br>为什么会发生？ | • 访谈技术<br>• 讯问方法<br>• 物证<br>• 概况描述<br>• 记录的使用<br>• 物理环境监控：固定或移动<br>• 线人<br>• 卧底探员<br>• 技术监控：窃听，口头或书面交流<br>• 侦查（演绎或归纳过程） |

侦查，也被定义为“收集用来确认、拘押犯罪嫌疑人并宣判其有罪的相关信息和证据”[1]。另外，密歇根大学的拉尔夫·F. 特纳（Ralph F. Turner）指出：“犯罪侦查就是对过去事件的再现”[2]。侦查可分为三个阶段：首先确定

〔1〕 E. 奥斯拉姆，R. B. 帕克斯及 G. 惠特科（E. Ostrum，R. B. Parks and G. Whitaker）：《城市警务模式》，马萨诸塞州剑桥巴林格出版社 1978 年版，第 131 页。

〔2〕 J. W. 奥斯特伯格与 R. H. 沃德（J. W. Osterburg and R. H. Ward）：《罪犯侦查》，美国俄亥俄州辛辛那提安德森出版公司 1992 年版。

犯罪嫌疑人，然后再确定犯罪嫌疑人所在的位置，最后准备将案件提交法院。在最初阶段，最先到达现场的巡逻警官对侦查的成功起着关键作用。第二阶段的警务侦查人员在确认和抓捕罪犯方面起着同样重要的作用并掌管着最后阶段（与检察官配合）。

**特殊机制**

表2.45描述了随着时间发展而新兴起来的运用特殊关联战术的操作工具。

**表2.45　行动中使用的关联战术**

| | |
|---|---|
| 特警小组 | 特警小组是经过挑选和全面训练的特殊警察团体，主要处理各种非常危险或暴力的情况，如人质劫持事件或全副武装的个人。特警小组队员均受过高难度训练，拥有加强型武器并可以组成长期小组（如法国国家宪兵特勤队，德国边防军第9反恐大队），或在待命期间一般作为常规警员履行职责 |
| 谈判小组 | 谈判小组由经过特殊训练的警官组成，当有人质被劫持或有人威胁要自残或伤害他人时，谈判小组便适时出现。谈判小组的作用在于同嫌疑人取得联系并展开对话，争取在不使用暴力的情况下使局势得到缓解、问题得到解决 |
| 狙击手 | 狙击手一般是在发生人质劫持事件时配合谈判专家和顾问团队随特警一起部署的。他们接受过在有直接生命危险、万不得已的情况下射击的训练 |
| 拆弹小组 | 拆弹小组负责处置涉及爆炸物品的事件。拆弹专家们经过高难度训练，使用专业化装置对易爆物品和易燃设备进行预防性检查和安全处理 |
| 犯罪现场管理 | 犯罪现场管理是一项侦查支持措施，包括以下情况发生时采取的所有措施：<br>• 到达现场<br>• 准备初步的文件记录<br>• 现场处理<br>• 完成和记录犯罪现场侦查 |
| 线人和卧底特工的使用 | 线人是在没有征得某一个人或组织同意的情况下向执法机构提供有关该人或组织秘密信息的人<br>卧底特工是为取得某一个人或组织的信任而掩盖真实身份或利用虚假身份，以便获取信息或证据的警察<br>对线人和卧底特工的管理引发了很多有关合法性和监管方面的特殊问题 |
| 技术监控 | 技术监控包括警方所能利用的所有用来获取信息或控制个人或地点的技术可能性 |

**决策操作链的第四部分：评估**

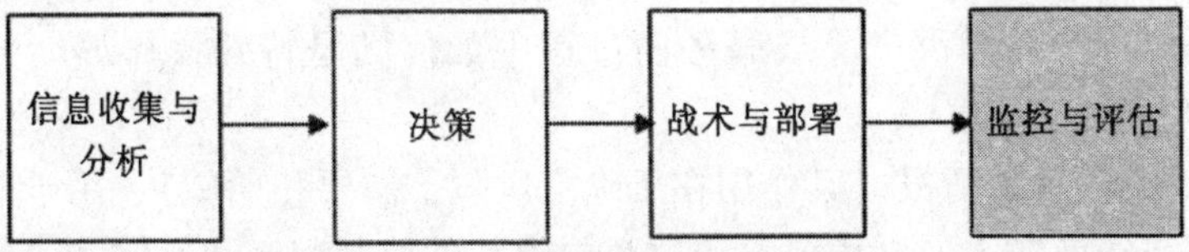


图 2.20　决定链的评估阶段

### 宗　旨

这一部分将讨论与评估有关的不同问题（结果、方法和手段），着重于所得到的教训并用其矫正已确认的缺点。

## 2.27　定义

### 2.27.1　控制、评估、评价、监控和监督

以上每一个词都涉及某一组织内对项目、计划或以行动为导向的活动所做的常规观察和记录，以确保他们与更大的战略目标保持一致性。后续报告使收集到的信息能在不同层次上用于支持矫正措施（包括不间断的活动，战略复核和组织上的安排），并且帮助确认所得到的教训和最佳实践方法。在此前提下，评估活动的四个大致目标为：

• 发现某种情况、某一种被定为标准的行为和某一个计划或目标所出现的不同和变化；

• 为采取矫正措施提供依据；

• 对结果予以评估；

• 丰富组织的学习过程。

这里，控制一词特指一种过程，它保证在特定组织环境下，保持程序、预算、计划和结果之间的总体的一致性。另外，控制在此背景下还暗指管理的概念，也就是使各种机制向总的或向特定目标看齐的过程。同样，评估是指对一项处在实施阶段中的项目或操作活动进行的评价、监控和追踪。在此将保留监督一词，用来描述行政或法律当局（行政、立法或司法）对公共组织、或董事会和股东对上市公司的监管。

### 2.27.2 信息系统

控制可被视为信息系统的一个要素，即评估某个组织如何完成处理危机的既定任务，以及在提供产品或服务的过程中如何满足特殊操作环境的要求和期望。

图 2.21 阐释了情报（其作用在于确定风险、需要和期望）、用于监控某个组织服务工作效率水平（由效益和效率构成）的控制程序和通信（包括旨在加强战略意识的内部通信和提高公众信任度的外部通信）三者之间的联系。

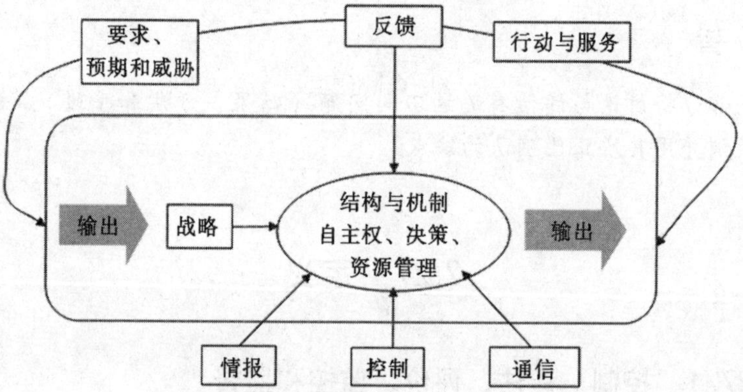


图 2.21 信息系统一览

## 2.28 控制和监督系统

### 2.28.1 控制的类型和级别

针对警察组织的特定背景，图 2.22 显示了控制和监督的不同级别和类型。我们可以清楚地将内部和外部控制区分开来。第一种类型是指由行政、立法和司法机关直接实施的监督，以及由媒体和公民及社会所实施的间接监督。

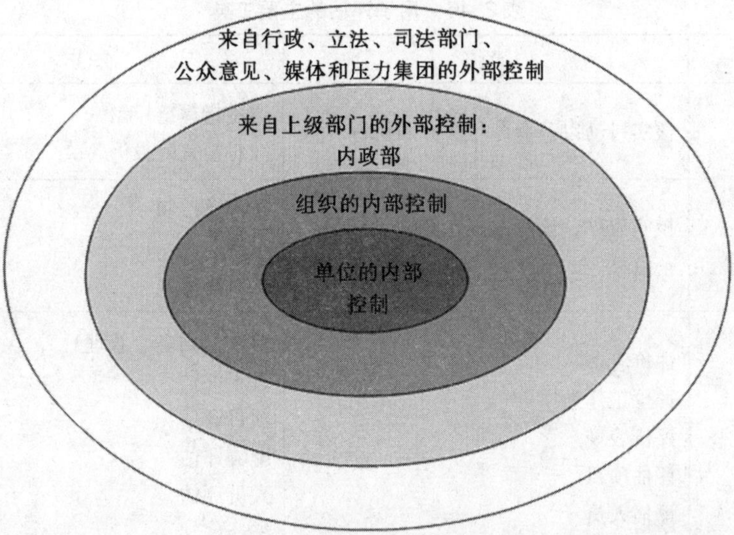


图 2.22　控制的不同级别

应用于警务组织内部的控制机制必须能够满足外部关系人（如内政部，还有媒体和公众）的信息要求。不过，该机制将自然而然地优先提供监控警务活动所需的数据和信息。

根据书中所概括的评估活动的四个目标，我们可以确定警务控制和监督系统的五个关键意图：

- 有效性：目标是否已实现？
- 效率：产出（结果）是否与投资或调配的投入（资源）相称？
- 合法性：采取的措施是否合法、得当？
- 责任：相关行为人（警官，管理人员，高级官员）是否为他们的行为向所在组织和他人负责？
- 平等：所有警务活动的客体是否被平等对待？

## 2.28.2　控制工具

表 2.46 概括了几种主要用来支持控制和评估活动的工具。本章将进一步阐述其中的两种工具：审核和绩效评估。

表 2.46　用于评估的主要工具

| 工具 | 意图 | 方法 |
|---|---|---|
| 检查 | 核实行动以及命令与任务的执行 | 通过指挥链控制<br>针对警官的投诉 |
| 控制 | 核实程序、预算、截止期限和结果的一致性 | 指挥链控制<br>报告<br>核对清单 |
| 评价 | 评价管理<br>评价工作效率<br>评价表现<br>评估项目<br>评估人员<br>测评公众的信任度 | 审核（财务、管理）<br>过程评估<br>项目评估<br>影响评估<br>人员评估<br>统计<br>调查 |
| 期待和需求 | 需求<br>将提供的服务与期待和需求作比较 | 调查<br>通过“四处走动”的方式进行管理<br>就执行任务的成效对警官进行访谈 |
| 文化 | 根据内部规范和价值观对行为施加影响 | 培训<br>同伴压力<br>楷模 |

**审核**[1]

审核的目的是了解一个组织特定时期的概况，并根据面临的机遇和威胁来确认和评估相关的优势和缺点。审核仅限于用来凸显程序、结构和其他组织方面的缺陷。因此，审核成功的关键因素之一围绕对审查范围的明确定义。审核的某些方面，特别是构架问题和内外部因素将在附录 2.2 中作进一步的论述。

[1] 本章的附表更详尽地展示了审核制度的内容。

**绩效考评**[1]

绩效考评非常重要，通常应该针对以下三个问题：

- 一名警官如何完成他（她）的任务（确认所需矫正的缺点）；
- 挑选晋升人选（警官需根据新岗位的要求而并非他们目前的绩效来考评；查明可以发扬的优点和应当矫正的缺点同样是考评的重要组成部分）；
- 确认通过个人考评反映出来的整个队伍的弱点，需要通过经改进的或新的培训项目加以解决；

一项绩效考评的最佳实践方法应该确保：

- 以绩效标准为重点（与工作描述相关）；
- 依据清晰的标准进行级别评定；
- 相关标准的表述被理解并成为考评对象；
- 由现任主管将考评结果告知被考评警官（这也给双方提供了一个讨论绩效、工作条件和可能需要改进的方面以及厘清双方未来期望的机会）。

考评一般通过填写足够的绩效考评表格来完成，但在特定情况下，特别是作为更高职位的选择程序的一部分时，使用其他工具如评价中心（在这里，角色扮演活动、书面作业和口头表述使得对候选人的考评能够在“情境中”进行）补充书面考评。

**作为管理工具的控制**

控制可以被理解为一种管理工具，该系统协助管理者对其组织的运作、对项目和代理活动的进展，以及对薄弱点的识别予以监控。控制措施强调需要改进的领域，从而也为改革过程提供支持。

尽管源自商业领域，以下三种管理工具也可以轻而易举地应用于警务环境。

**管理驾驶舱（The Management Cockpit）**

“管理驾驶舱”是由神经外科专家帕特里克·乔治（Patrick M. Georges）提出的，是一种简单的但已经证实有助于改进团队、部门和整个公司绩效的方法。之所以能够达到改进的成效，是因为员工的积极性通过重点关注最重要的事务而得到激发。通过测评活动，绩效的提升得以巩固，因为有测评，任务才

[1] 查尔斯·R. 斯旺森，莱昂纳德·特里托及罗伯特·W. 泰勒（Charles R. Swanson，Leonard Territo，Robert W. Taylor）：《警务管理》，培生教育出版集团2005年版，第394页。

能彻底地完成。一个“管理驾驶舱”就像飞机驾驶舱对飞行员提供信息那样，为管理者提供了管理一家业务单位的工具。在“管理驾驶舱”室内，所有制定决策和监控执行情况的主要引擎都可以获取：知识、决策者和行动手段。

用 Patrick M. Georges 的话来说，“就像是在驾驶一架飞机一样，如果你想起飞，就必须首先查看清单。所有与现有任务相关的指示灯都必须是绿色的。比如，如果你希望通过降低库存来减少你的未结算财产，‘逻辑视图’（Logical View）会告诉你交货时间在 2 - 5 天之间，这与我们的竞争对手在 24 小时内交货相比，时间太长了。”[1]

**综合评价卡（The Balanced Scorecard，简称 BSC）**

“综合评价卡”是一项战略性绩效管理工具，一项已经得到证实的设计方法和自动化工具支持的半标准的结构化报告，管理者可以用它来跟踪受其支配的员工的活动执行情况和监控这些行动的后续结果。“综合评价卡”的核心特征及其衍生物是在一张简明扼要的报告单中展示财务和非财务的混合措施，这些措施每一项都比照一个“目标”价值。当对措施进行审核时，就可以确定当前绩效是否满足预期。其背后的想法是，可以警示管理者哪些地方存在绩效偏离预期的情况，从而鼓励他们关注这些领域，进而推动其领导的组织部门改进绩效。“综合评价卡”是一种管理体系（不仅是测评体系），使组织可以清晰地阐述其愿景和战略并将他们转化为行动。它为持续提高战略绩效和成果提供了有关内部业务过程和外部结果的反馈。当得到充分有效的利用时，“综合评价卡”将战略策划从学术活动变成了一个企业的神经中枢”。[2]

---

[1] 帕特里克·乔治（Patrick Georges）：《管理驾驶舱是如何促进管理工作的》《管理驾驶舱，第一次尝试》，http://www.patrick-georges.net/en/download_22.php。

[2] http://www.balancedscorecard.org/BSCResources/AbouttheBalancedScorecard/tabid/55/Default.aspx（上次访问日期：2010 年 11 月 22 日）。

**案例研究：加拿大皇家骑警G部门的“综合评价卡”（BSC）**

加拿大皇家骑警在2002年采用了“综合评价卡”。G分部（加拿大皇家骑警共划分为15个分部，每个字母代表其负责的分区）设立了一个工作小组来设计责任框架，确立优先项并准备实施BSC，意图达到以下三个目标：

允许组织设定现实的预期绩效，使所有员工步入满足预期的正轨；

确保整个组织朝着同一个目标努力；

提供一种手段，用以衡量该组织离满足目标和预期有多近。

G分部的指挥官明确地解释了他所认为的新制度的好处。他可以允许管理部门对过程进行测评，通过跟踪和随后在沟通方面做出的努力以及成功来树立可信度。他还可以帮助该分部的成员审视自身的行为。指挥官强调把BSC作为说服高级管理者和所需物品的捐赠者从而获取所需资源的一种工具的重要性。指挥官在从战略转为战术应用时，强调根据BSC指导日常管理、人力资源部署和预算的好处。在这种工具的帮助下，有可能会产生一个有明确战略目标的组织，如表2.47所示：

表2.47　加拿大皇家骑警的“综合评价卡”

| 分部现在还不能胜任的事项 | 分部未来目标 |
|---|---|
| 在恰当的时候向恰当的人提供基本的、高品质的绩效信息 | 提供关键的成果信息，用以评估持续的绩效 |
| 利用绩效信息作出战略性决策 | 利用绩效信息作出战略性决策 |
| 确保内部或外部责任制 | 对照他人的绩效来判断相关组织的成就<br>实现对政府、伙伴、公众和组织内部各层级的更大责任 |
| 证明其有能力为花费的资金带来价值 | 证明其有能力为投入该组织的资金带来价值 |
| 充分证明现有或新资源存在的正当理由 | 证明所要求的新资源和资金的明确价值 |

**评级体系**

根据银行按财务安全状况对公司使用的评级，类似系统已由一家名叫Team Consult of Geneva咨询公司在与一家名为ASSEKURATA的德国保险公司合作下开发并应用于警务领域。其目的是根据一套类似的标准来评估警力，确认他们超越或逊色于同时代人的领域。这种标杆管理的意图是帮助提出组织改革方面的建议，以及建立不同力量间的联系，便于交流有效的解决方案。

### 2.28.3 用于控制的数据

必须依据设定的控制目标来收集相关数据，包括指标的定义，对负责收集信息的个人的任务分配，对数据报告的频率和格式的清晰说明，以及必要的听众。

**控制的危险**

我们还必须考虑到实施控制体系涉及的风险。第一类风险，这一体系在人员和财务上的花费非常大。因此，该体系必须以经济的方式来满足现实的需要，而不是产生一堆与面临的问题无关的数字。第二类风险，控制会对组织成员产生消极的影响，他们也许会对相关措施侵犯其责任领域进而限制其主动性而感到不满。第三类风险，控制体系和组织规定的目标之间潜在的不一致性可能会使玩世不恭或失望的情绪在组织成员中间弥漫，从而削弱管理的可信度，使控制措施声誉扫地。在这种情况下，控制可能会发出错误的信号。

**案例研究：错误信号**

一项邻里守望计划在瑞士发起，同时还组织了多场信息会议。会议举办得非常成功，许多市民主动提出做志愿者。不幸的是，一天傍晚，交警部门没有意识到会议正在某地召开，而他们选择该地作为雷达安装点。结果，若干名志愿参与这一项目的人都被雷达信号捕捉到并被罚款。

第四类风险，涉及控制重点可能存在的错误[1]，这在警务环境下频繁遭遇到。在该环境下，出于可以理解的原因，服从行政或法律程序是必要的。然而，对服从的关注可能会导致对绩效的忽视。因此，为建立一套有效率的控制体系，必须达成一种微妙的平衡。

〔1〕 意思是，被控制对象与整个战略无关。比如，重点在于规则和程序，而不对结果负责。

**案例研究：指标的运用**

运用指标也可能会带来负面或意外的影响。一名警察局局长决定将奖金跟逮捕的人数或手下的警官在街头开罚单的数量直接挂钩。这导致他手下的警官无理由地加倍逮捕或多开罚单，继而引发公众的不满，并将他们的行为视为警方的骚扰。

数年前，法国内政部部长决定在部分困难郊区取消社区警务活动，因为他认为警察的任务不是与当地青少年踢足球。部长引入了一种“结果文化”：警察局（军需部门）必须实现更高的效率。逮捕人数、犯罪统计和其他指标成为警官考评、晋升、撤职或退职的标准。最初，这项政策看似奏效，但很快就发现数字具有误导性：在有些案件中，投诉没有被记录在案，统计数据被修改润色，结果经常不是根据给定的优先任务而是挑选容易的来完成。丘吉尔说的“我只相信自己编造的数字”用来形容这股捏造之风尤其恰当。在这种情况下，关注的焦点从质量快速地转移至数量和容易完成的任务上。

### 2.28.4 警察组织内部关于控制的特殊问题

控制体系像组织结构一样紧随战略之后。该体系必须以协助战略执行的方式设计出来。因此，关键是清晰地确定控制对象并选择最佳工具。在以警察组织为特别关注焦点时，还必须考虑到相关活动和结构的特征。

尽管在某些情况下力图摆脱等级制度并授权于警官（特别是在他们借助社区警务的影响与公众建立的关系上），但总的来说，警察队伍仍然是按等级划分的。给予警察必要的授权以建立有价值的联系，并不是通过一种通常封闭的文化和对外部世界的不信任（反映在“我们对抗他们”心态上）促成的。同时，现代警察不能无视媒体和公众的监督，以此确保对任何错误、权利滥用或违规行为承担责任。在这种情况下，虽然必须始终记住在所有警官做出的决定和采取的行动中人仍然是首要因素——因此监控和考评这方面的警务活动极为重要——但遵守书面程序依然是有必要的，所以管理层必须预见有潜在问题的主要领域并建立相应的控制体系。

这些“危险的”活动领域包括：

- 特警小组和特别单位，往往会在组织内部和其外部关系上形成强大的次文化。作为训练有素的专业人员，他们的光环和地位有可能导致其成员认为规章制度一定不能妨碍效率，后者是他们的最高目标。管理者应该设法通过旨在排除“孤胆英雄”式人物的精心挑选，通过道德培训、日常评估、人员轮换、严密监督和行动完成后的全面任务报告，以减少这种风险。

• 线人和卧底特工：这里的风险取决于他们的自主权和被授予的权力；他们的行动可能会触犯某些法律。因此，在很多国家，使用这些特工要经过检察官的授权。

• 交通巡逻警察：因为在很多国家他们都容易受贿。

• 毒品小组：他们会经常需要面对处理大量金钱和毒品时的诱惑。

• 讯问必须被控制在合法和遵守规则的范围内；适当的培训是避免此类问题的一种有效途径。

• 武器使用：经常造成微妙的问题，因此需要多方位的培训（射击、武器使用规则，以及根据所获得的经验教训调整培训）。

• 激励措施，礼品和其他奖励（如加油站的免费咖啡，就餐折扣）：即使微不足道，也能导致警察为对方提供相应的好处。

• 非职务活动：这一领域的控制很微妙，因为很容易侵犯到员工的私人空间。建立一套行之有效的监管关系是有效预见潜在问题的首选方法。

清晰的规则、伦理准则、监控，以及量身定做的监管机制对于应对风险十分必要。

## 2.29 评估的运用

对收集到的所有考评数据必须进行分析，以便凸显最初目标和完成结果之间的出入，并作为改进的基础。数据可以通过根据访谈撰写的不同文献、检查，或表 2.47 中所列的其他技术手段获取，但不应单单依靠这些数字来分析，还必须考虑到警察的在职工作经验。这就是为什么在所有大规模、复杂或有针对性的行动完成之后都应该系统地执行任务报告程序。这一程序的目标应该与对行动优点和不足的识别联系起来，以此清晰地判定哪些方面有成效，哪些方面是无效的。

在此背景下，下面这个令人关注的例子来自军队。

**案例研究：军事知识的管理**[1]

美军假想敌部队（US Army's Opposing Force，OPFOR）是一支拥有2500名人员的旅，主要任务是帮助士兵备战。每个月，该旅都会模拟敌军、叛乱分子、准军事单位或恐怖分子的角色，与超过由4000名士兵组成的另一支旅在加利福尼亚的沙漠作战。OPFOR设计出一套事后审查（After－Action Review，AAR）的方法，即从某个事件或项目中总结经验并应用到其他活动或项目中。周期从OPFOR指挥官的操作命令开始，该命令包括以下四部分：要完成的任务，目的（既定环境下任务的重要性），指挥官的意图（任务如何完成）和结束状态（所期望的结果是什么）。在此基础上，每一个单位都清楚地理解他该做什么和怎样做。另外他还要设计“条件/结果”方案。

AAR针对四个用于确定有效和无效措施的问题：我们想要的结果是什么？我们得到的实际结果是什么？是什么导致了这样的结果？哪些是我们要保持和改进的？这里，首要的问题是纠正思想而非事物，因此学习会影响单位在未来战斗中计划、应变和成功的能力。

美军运用正规的知识体系采集和向大量分散的受众传授课程，如借助于国家培训中心的教学和培训、电子邮件和网络，以及借用附属于其他单位的军官和士官。

AAR已成为许多公司的重要工具，但因为它并不总是严格按照OPFOR模式执行，因此有成为形式化总结报告的危险。这一过程的失败源自对AAR性质的错误理解，即它只是一篇报告和事后检讨，主要用来指责而不是改进合作和组织单位学习。问题不仅在于要从经验教训中学习，更要学会如何运用这些经验做出调整和采取行动。

为公司环境量身打造的商业版AAR，可能会要求团队在开始采取重要行动前回答四个问题：我们想要的结果和措施是什么？我们能预见到何种挑战？我们或他人从类似情况中学了到什么？是什么能让我们这次取得成功？对这些问题的回答能使团队目标统一并为行动后召开有效的AAR会议搭建好舞台。

最终，我们可以确定在这一过程中的四个关键成功要素：

AAR过程必须在活动开始时启动；

经验教训必须首先使获得他们的团队受益；

经验教训必须与未来行动明确相关；

领导者必须让每一个人特别是自己对学习负责。

---

〔1〕 玛丽莲·达伶，查尔斯·帕瑞及约瑟夫·莫尔（Marylin Darling，Charles Parry and Joseph Moore）：《勤学精进正当时》，载《哈佛商业评论》2005年版。

下面这个例子来自警务环境。

**案例研究：加拿大皇家骑警制度**

加拿大皇家骑警（Royal Canadian Mounted Police，RCMP）内部，目前存在四个层次的责任框架。内部审核单位提供高级管理保障，涉及控制、风险管理实践和决策信息的合理性，以及整个加拿大皇家骑警项目的实用性、有效性和效率。由专家组成的专业团队负责目标评估并将结果提交给部门审核委员会（Departmenal Audit Committee，DAC）。这一方式使管理层的决策能够得到所诊断出的问题、改进的机会和能使风险降低的高层控制的指导。

应业务机构的首脑和地区高级管理层的要求，区域性回顾和项目回顾在整个组织内进行。这些回顾是任何持续项目管理周期的重要组成部分，旨在提供有关区域行动或项目操作的绩效信息。

管理审查（Management Review，MR）是对单位管理的独立评估，它评价某一单位的管理和调查的执行是否适当、有效。通过为区域、部门和业务部门的管理者提供对行政和操作实践所做的基于风险的评估，这些审查构成了加拿大皇家骑警管理过程的基础部分。

单位层次的品质保障（Unit Level Quality Assurance，ULQA）是一种内在的、可持续性的自我监控工具。每年，加拿大皇家骑警的各个单位会挑选一些单位层次的活动，用于品质保障方面的审查，借助正规的风险分析和优先排序，以确保风险领域内的监控应用成效。单位层次的品质保障共有五个阶段（RCMP，2007b）：

1. 活动的确认。
2. 风险管理和审查的优先排序。
3. 深入实地的审查和观察。
4. 矫正行动。
5. 后续行动。

管理审查应该重点关注单位的根本任务，通过好的管理和利用操作模式以及适当、有效的质量保障过程来达到目标。其步骤包括：

- 基于某一风险评估挑选要审查的单位。
- 用受过训练的评审者实施管理审查并报告结果和建议。
- 监督矫正行动和推动合理的实践措施。

综上所述，加拿大皇家骑警为四个层面的方法提供了一系列工具，使该组织既能应对地方的操作要求，又能符合总体的战略目标。

根据数据和任务报告分析作出的评估，结果可能在三个不同的组织层次上产生影响，如图 2.23 所示：

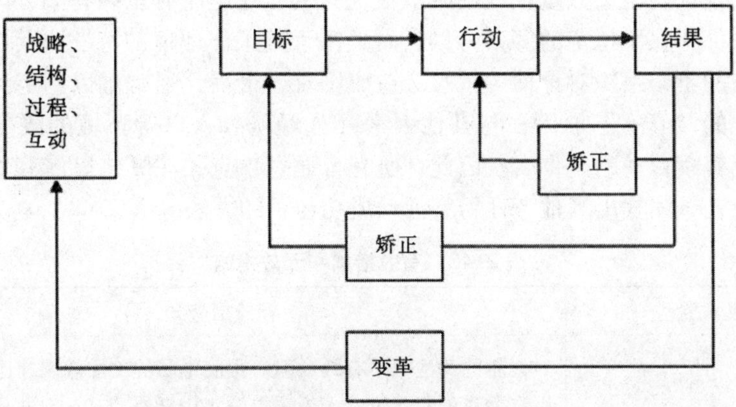


图 2.23　评估及其应用

矫正措施涉及为短期措施服务的持续行动。这些措施的目的是矫正在一项行动或计划的特定领域内出现的错误。在更高层次上，也许需要回顾一项行动或计划的目标，因为行动的发展或更大范围内发生的变化可能会使这些目标的重复意义降低。最终，在战略层次上，可能需要改革，以此来确保组织（系统）能像涉及范围更广的分析性评估所强调的那样，适应其面临的挑战。

**案例研究：2003 年 G8 会议**

尽管 2003 年在依云举行的 G8 会议的结果是好的，但是任务报告却暴露了瑞士安保系统所存在的缺陷。事后准备的报告详细地列举了处于三种不同干预层面上的问题。每一个都成为建议改革的领域；层次越高，建议的变革措施影响越深远：

- 在警力部署层面上，建议对程序和战术进行修订；
- 在州际合作层面上，建议建立合作机构和制定合作规则；
- 在整个国家层面上，强调对整个安保系统和相关安全政策的必要改变。

在前两个层面上，矫正措施已经开始实施，但国家层面的改进还有待完成。

### 2.29.1 警察考评的特殊困难

应该认识到警察考评活动的特殊困难。首先，困难与成功标准的定义有关：是逮捕人数、破案量？还是犯罪数量？一支保持较高破案率的警察队伍比另一支其辖区内犯案数量较低的队伍更优秀吗？这里没有正确答案，因为成功的许多条件不在于特定的警察力量，而是在于其工作环境的特性。其次，警察及其所在的整个组织对评估的抵触会造成困难。最后，通常难以判定犯罪率改善或恶化的“真实”原因；与其他因素（如经济、人口等环境的改变）相比较，影响警察行动的是什么？因此，研究者通过重点关注哪些措施有效和哪些措施无效，试图找出其他考评警察活动成功与否的方法（表2.48），

表2.48　有效措施和无效措施

| 战术类型 | 有效措施 |
| --- | --- |
| 重点关注最严重的犯罪行为和罪犯 | 对累犯的关注似乎有效，但对毒品走私的关注效率却比较低<br>以有前科的犯罪嫌疑人为重点的集中调查成功导致徒刑等级的增加<br>针对特殊问题实施的行动，尤其是对解决热点地区非法持有武器和在建筑物内走私毒品的问题有效 |
| 特定地点的巡逻部署 | 根据在美国所进行的研究，这一项措施对解决地方层面上的问题有效 |
| 关注重复受害者 | 英国的研究表明这一项措施可以显著地影响特定的犯罪类型 |
| 不同权力机构间的合作 | 根据英国的研究，这对警察来说是一种非常有用的工作模式 |
| 反危险驾驶运动 | 措施包括加强控制和增加逮捕量的反危险驾驶运动[1]，经证实是成功的 |
| 针对问题调整行动 | 这一方法在小范围内进行了试验，它对犯罪行为影响的正式评估还需要在更大范围内展开 |

〔1〕 此表受《内部安全手册》中杰诺姆·法瑞特（Jerome Ferret）的表格启发，载《巴黎：IHESI》2003年第三期，第91页。法瑞特的表格改编自彼得·乔丹德（Peter Jordand）的《减少犯罪的有效策略》，载《减少犯罪：对关于犯罪行为应对方法之研究证据的评估》，彼得·戈尔德布拉特、克里斯·刘易斯（Peter Goldbblatt and Chris Lewis）编辑，《内政部内政调查研究187号》，1988年版第65－66页。参考来源还包括艾提安尼·布莱、莫里斯·卡森（Etienne Blais and Maurice Cusson）的《对警察干预有效性的评估》，载《内部安全手册》，第115－139页。

| 战术类型 | 无效措施 |
| --- | --- |
| 随机巡逻 | 随机巡逻效率低下 |
| 社区警务 | 总体上是无效的，除非目标是提高警察在民众心目中的合法性。例如，通常与社区警务相关的两种措施，邻里监视和警方召集的市民集会，对犯罪率没有影响。然而，应当注意的是，已有许多针对社区警务效率的研究，但是研究结果常常不同 |
| 与儿童的非正式接触 | 总体上是无效的 |
| 提高问题解决率 | 对犯罪率没有实际影响 |
| 对市民报案做出快速反应 | 对市民报案的快速反应并不一定导致逮捕量的增加 |
| 战术类型 | 有差异的结果/未确定 |
| 增加警力部署 | 某一地区警察数量的简单增加对犯罪行为并无影响。然而，警察的完全缺席，如由于罢工的原因，几乎总是伴随一波犯罪高潮 |
| 增加逮捕权的使用 | 对某些家暴案件有效，对小案件却适得其反 |
| 对紧急呼叫做出快速反应 | 不同结果：美国的研究判定这一措施是无效的，而英国的另一项研究宣称，它对夜间盗窃案的解决仅有微乎其微的改进 |
| 常规巡逻 | 巡逻似乎对警察监管非法持有武器有效，但需要进一步证明 |

美国国家研究理事会（The US National Research Council Panel，NRCP）[1]回顾了有关警察有效性的研究，评估了不同战略的有效性。NRCP 的报告得出结论："标准或传统警务模式"证明很少有或几乎没有什么效果；"社区警务模式"在社区关系上的效果微弱或一般；有确凿的证据表明，"问题导向警务"在处理有关犯罪热点的问题上有效。研究结论认为，目标明确的警务和不同方法的综合使用似乎能产生最佳效果。需要重申的是，这一项研究结果只是众多成果中的一个，其他研究得出的结论也许会有所不同。

### 2.29.2 控制体系的成功要素

一项控制体系的成功要素可以归为四类，如图 2.24 所示：

---

〔1〕 韦斯利·思科根、卡斯林恩·弗里德尔（Wesley Skogan and Kathleen Frydl）：《警务的公正与效率》，国家研究理事会，国家学术出版社 2003 年版，第 248 – 249 页。

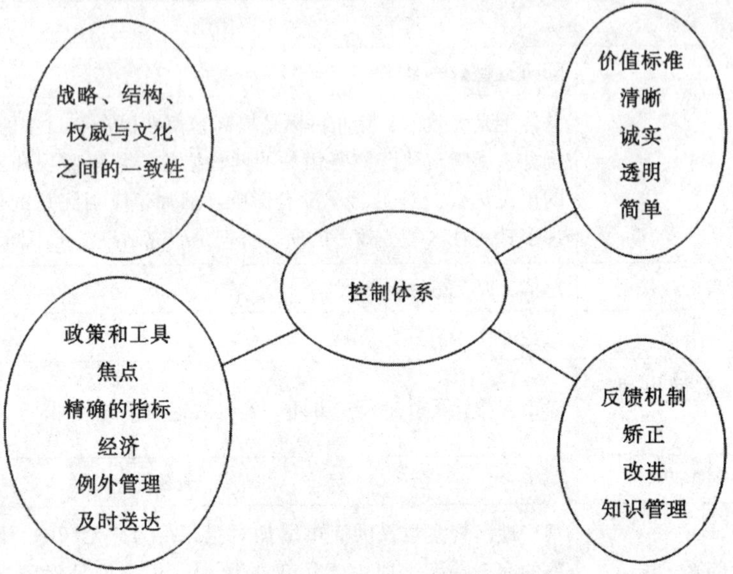


图2.24 控制体系的成功要素

## 2.30 总结

• 控制（考评、评价、监控和监督活动）是信息系统的一部分。

• 警察受行政和司法当局以及媒体和公众的监督。

• 有五项涉及警务控制的关键目标，为此可以使用不同的工具。

• “驾驶舱管理”和“综合评价卡”体系代表强有力的管理工具。

• 一套控制体系若要有效，就必须与战略和结构保持一致。

• 一套控制体系必须是经济的，因此注意力应集中在例外的情况上。警察部门的特定领域和活动要求控制体系给予特别关注。

• 考评和评价活动的结果可以在不同层次上使用；这些结果可以成为在行动实施过程中所采取的矫正措施的基础；他们可以导致目标的重新规划，而且还能引起在组织层面上的战略思考。

• 难以对警察绩效做出评估，尽管一种前景看好的方法是考虑有效和无效的措施。

# 附录2.2

## 审核

表2.49　需要回答的六大基础性问题

| 问题 | 评估目的 | 例子：中央调度中心（Central Dispatch Center，CDC） |
|---|---|---|
| 活动为什么要进行 | 确定活动目的，评估该目的是否应当修改 | 分析CDC的任务<br>过滤呼叫以及采取最初措施的责任应当由CDC承担，还是由其他人承担 |
| 为达到目的进行什么样的活动 | 建立活动链以便评估过程是否可以精简化 | 与上述的任务定义相关 |
| 活动怎样进行 | 评估活动是否可以以更有效率的方式完成（程序的简化、技术支持） | 有无计算机辅助决策的程序可用？ |
| 活动由谁来执行 | 评估恰当的人选是否处于恰当的职位或行动执行人履历是否合适（资历过高或不足） | 要求什么样的履历<br>是否具备所有必要的技能<br>CDC的人员是否接受了特殊训练<br>是否可以征召市民参与活动 |
| 活动在哪里进行 | 检查疏散或集中措施是否可能有必要 | 警务力量中是否有若干个CDC<br>他们的数目能否减少、能否适应现代化需要或可以得到扩充 |
| 活动何时进行 | 就活动频率是否适当进行评估 | 是否可以在白天或夜晚的特定时段内减少工作人员或轮班次数 |

### 内部评估

总体目标是评估是否有一个能应对在警务环境下的安全挑战并与民众的期望和需要相一致的清晰战略，同时检查现有资源是否充足，而且被有效地部署。表2.50列出了审核的基础领域。

表2.50　审核的基础领域

| 审核对象 | 审核要点 |
|---|---|
| 战略 | 是否有清晰的战略和行动方案<br>战略是否与相关挑战和能力相对应<br>制定战略的过程是否恰当<br>战略是否被所有人员所了解<br>是否有对战略进行定期评估和更新的适当程序 |
| 使命与任务 | 任务是否明确<br>是否存在适当的法律框架<br>警察是否在执行应当外包的任务 |
| 价值观 | 价值观是否被清晰地表达、传授和领会<br>是否有在价值排行榜、道义或伦理上准则<br>是否充分考虑到性别、青年、少数族裔的问题<br>现有的服从规则的手段是否得到重视<br>是否存在一种有效制度来处理对警察的投诉 |
| 操作政策 | 不同领域——社区警务，巡逻和呼叫反应，犯罪与危机管理公共秩序——的操作政策是什么<br>是否有适当的规则和标准操作程序存在<br>是否有适当的任务报告程序存在，是否善用所学到的经验教训（数据库，培训的结果，程序变更等） |
| 组织结构 | 警察部门的结构是什么<br>结构是否与战略和操作政策相匹配<br>区域覆盖<br>反应时间<br>确定优先次序的机制<br>岗位描述 |
| 权力与权力委任制度 | 权力制度是否与政策和结构相称 |
| 资源（人、财、物） | 相对于问题和任务而言资源是否齐备<br>如何管理资源<br>人力资源：招聘，培训，晋升，能力和所需技能的考评，人员的考评，性别政策<br>装备：是否充分<br>采购方式 |

续表

| 审核对象 | 审核要点 |
|---|---|
| 学习系统 | 部门怎样从经验中学习并将这些经验建设性地运用于未来的计划之中 |
| 行政机制和程序 | 行政机制和程序是什么<br>他们是否适当 |
| 情报和知识管理 | 情报周期<br>同其他机构的信息交换<br>法律框架<br>与决策过程的联系<br>材料的充足度 |
| 内、外部沟通策略 | 挑战<br>政策<br>资源 |
| 控制系统（管理，财政，行为，程序，价值观） | 统计：是否相关；是否过度耗费时间 |

## 外部评估

总体目标是评估与外部伙伴关系的性质以及这些关系对组织绩效有何帮助或阻碍。如表 2. 51 所示。

**表 2. 51　外部评估**

| 审核对象 | 审核要点 |
|---|---|
| 环境和分析方法 | 如何分析环境<br>风险和机遇是否被评估<br>警察部门的含义是否得到确认 |
| 当局和一般公众眼中的警察形象 | 是否有适当措施调查和改善警察形象 |
| 与官方的关系：行政、立法、司法及其他国家机构 | 这些机构有何关联<br>有无清晰的信息交换机制存在<br>是否清晰定义并遵从角色 |

续表

| 审核对象 | 审核要点 |
| --- | --- |
| 与公众的关系 | 是否有社区警务的政策存在<br>是否定期进行调查<br>是否与地方当局有适当的合作安排<br>是否有确定优先次序的体系<br>如何处理投诉 |
| 与其他警察部门的关系（国家、国际的） | 关系是如何发挥作用的<br>如何交换信息<br>如何协调警务活动的开展 |
| 与其他安全行动参与者的关系（军队，边境守卫，私人保安公司，情报机构） | 这些关系是如何发挥作用的<br>如何交换信息<br>如何协调活动的开展 |

# 3 结 构

第二章致力于研究决策制定过程的不同阶段。决策并非是在真空中制定的，仅以决策过程中的几个环境因素为例，如结构、管理组织和领导方式，他们影响的就不只是决策制定的方式，还有决策实施的方法。他们代表成败的关键。鉴于这一点，在本章以及随后的章节，会详细地分析和研究这些因素。

### 宗 旨

本章将探讨影响决策制定和实施的组织结构，着重于策略与结构的关联，同时介绍并讨论管理和操作情报结构的模式。

## 3.1 策略与结构

策略，从军事领域来讲，是指为达到政治当局所确定的目标而采取的调动和部署资源的方法。从商业领域来讲，策略是指企业为确保长期效益而采取的政策[1]。根据第一章所介绍的目的、方式和手段，策略指的是将方式和手段合并的技巧。图 3.1 描述了策略展开的一般过程：

[1] 为了这个目的，管理层需对下列问题给出答案：我们所属的业务类别，我们的业务目标以及如何达成目标。也是在任务（为什么）、前景（是什么）和行动计划（怎么样）三者之间达成一致。

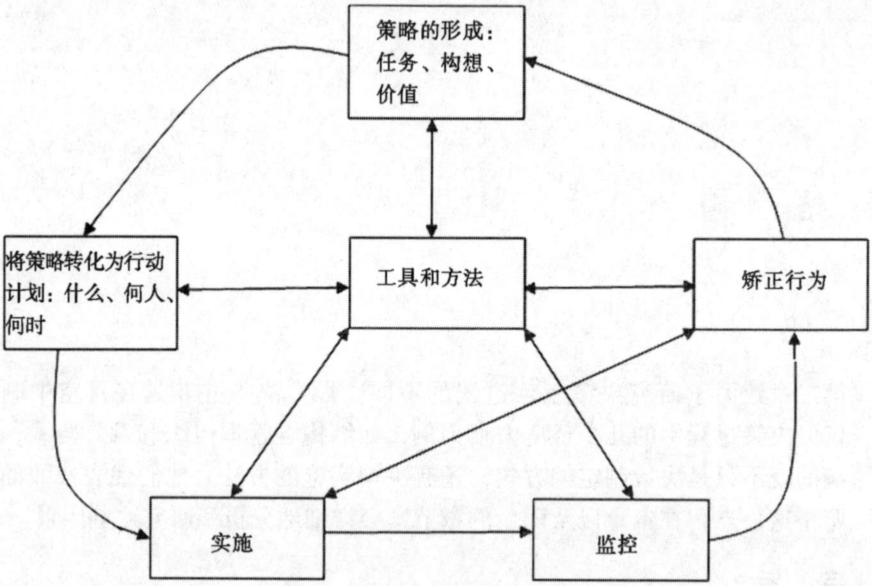


图 3.1　策略展开的一般过程

**案例研究：加拿大皇家骑警队（RCMP）的策略规划过程**

加拿大皇家骑警队在下列步骤的基础上形成了一套综合计划周期体系：

• 每年春天，完成对过去表现的评估，并展望来年乃至未来五年的规划，同时确立来年的指导性说明和事务计划。

• 每年秋天，评估中期表现，调整未来半年的实施策略。

• 每年冬末，检验来年的事务计划，并确定从四月开始的预算。

为了实现“安全家园，安全社区”的战略目标，该周期计划的核心是：

• 由加拿大皇家骑警队确定战略重点（在有组织犯罪、青少年问题、国际警察服务等领域）。

• 战略目标与其功能密切关联。例如，预防与教育、情报、调查、执法以及保护。

• 管理策略的目标。例如，促进交流，提升人力资源容量，规划与实施业绩管理。

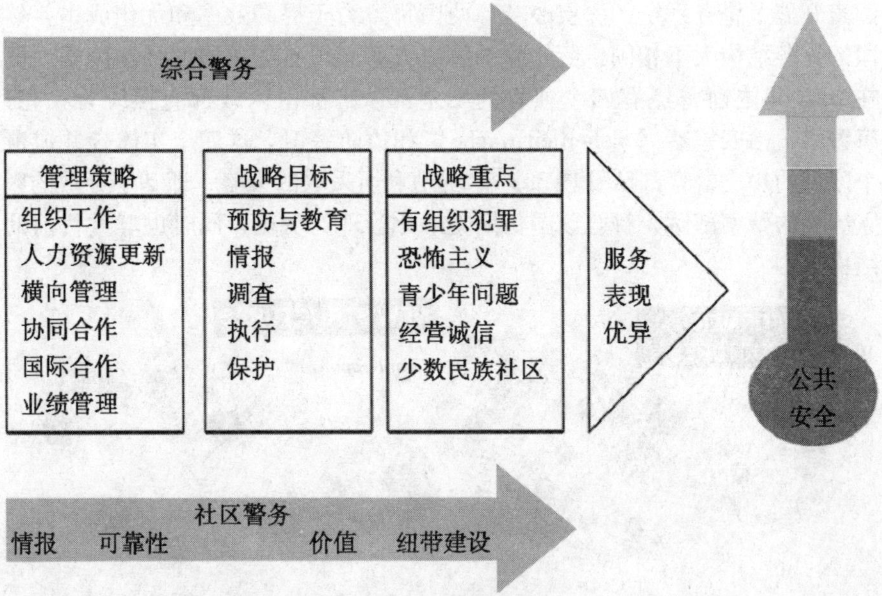


图 3.2 策略框架

资料来源：http://www.rcmp-grc.gc.ca/about-ausujet/strat-eng.htm（上次访问日期：2010 年 10 月 26 日）。

策略级别也可以以表 3.1 的形式展示：

表 3.1 皇家骑警队（RCMP）梯级规划方案

| | |
|---|---|
| 策略规划 | 联邦政府重要事项：高管重要职责；环境观测；操作问题 |
| 事务范围 | 策略计划；业务重点；区域/操作/战术投入；联邦政府倡议 |
| 区域性事务计划 | 策略计划；事务范围计划；<br>合同伙伴计划/预期 |
| 操作及战术计划 | 区域计划；多学科团队；<br>授权责任（合同，备忘录）；机遇目标 |

在每一个（战略的、操作的、战术的）层次上，一项决策都必须在某些特定或特殊结构框架内进行分析、制定和实施。如前所述，一个重要的原则是结构跟随策略。但是，在许多情况下，策略发展要考虑现有结构，因此可以不完全遵守上述原则，应该更多地考虑策略和结构的相互关系。例如，近年来有两

个国家开展了警务系统的深层改革，两国都致力于提高效率和优化成本，然而两国的警务结构大不相同，所实施的解决方案必须考虑本国的结构因素。奥地利在2004年之前曾经有四个独立的安全部队，都由内政部直接统管：宪兵、刑事警察、治安警察（Sicherbeitswache）和边防警卫。这四个实体合并成覆盖九个区域的一支警察部队（图3.3）。奥地利所采取的策略，即基于分散的区域建立统一的警察部队，符合该国长期集中化管理的历史，同时也尊重目前的区域结构。

图3.3　奥地利及其结构

（注：左首黑框内文字：先前的结构；右首黑框内文字：新结构；引号内文字：治安警察）。

在第二个案例里，比利时的市长（bourgmestres）过去的权力很大，他们强烈反对失去对地方警察部队的控制权，曾迫使政府长期保持甚至持续增加市警察部门的警务力量。现在，联邦警察与196个由当地市长管理的警务区域共同存在。将这些区域重组为27个大区所带来的困难通过建立一个复杂的协调系统得到了解决。每个大区有两名主管，一名是司法警察，另一名是负责本地区与其他地区以及联邦警察合作的警察。与各部门之间的整体协调相关联的一个重要因素就是每四年制订一个国家安全计划（Plan National de Securite）。该计划以“犯罪景象”为基础，该“景象”包括交通违规、不文明行为、犯罪和恐怖主义，并考虑这些“景象”的影响和对于社会薄弱环节所构成的威胁。在确立警务重点时，政府需要确定十项要点，然后各区可以制订自己的四年安全计划，不必复制所有政府确定的要点，但是必须按照自身情况作出适当的调整。如果有必要，各区还可以补充自己的要点。为了实现预定目标，各大区必须准备年度计划，制定具体的实施措施。

**案例研究：策略与结构的相互关联**

在20世纪90年代，瑞士沃州警察局的1000个下属单位集中位于三个地点（尽管警察局的分布是分散式的），分别驻扎宪兵队、刑事警察、行政和后勤服务部。宪兵部与刑事警察部相隔了好几公里，而刑事警察所在的大楼则邻近总部和后勤服务部。这种分散的布局造成了很多困难，尤其影响到制服警员和便衣警员之间的关系，而且造成宪兵和刑事警察各自为政，对警务力量的有效调动和经费开支带来了负面影响。警察局局长后来通过保障经费开支成功地重组了一个地区内所有的警务力量。新的结构框架减少或抑制了上述问题的发生，主要措施为：重新规划了建筑入口、内部交通和休闲区域，以加强警务人员之间的联系；重新分配办公室，解决了冗余的管理服务机构的整合问题。这些措施很快就收到了积极的效果：信息分享和交流得以改善；行政支出减少；一些警官重返一线岗位。这些结果之所以成为可能，原因在于：首先确立了一个清晰的策略，然后再按照结构要求实施。

## 3.2 总体结构

如何设计组织结构？对这一过程的描述如下：

- 对活动进行分析。
- 将活动重组为不同的模块（德鲁克按照其贡献将活动分为：导致结果的活动，支持活动，维护活动，上层管理活动）。[1]
- 确定决策过程和关系。
- 建立协调机制。
- 结构落实到位。

组织设计的重点在于两个层次的区分，即组织层次（纵向）和活动层次（横向）；活动既可按照客户或者服务的类型进行分组，也可按照地理区域或者过程进行分组。

以下介绍三种基本的组织结构，兼顾其优点和缺点。

〔1〕 彼得·德鲁克（Peter Drucker）：《管理、任务、责任与实践》，载《日内瓦：管理版》，（欧洲）迪马斯出版公司1974年版，第517－599页。

### 3.2.1 功能结构

功能结构（图3.4）是按照警务力量的主要构成模块所建立的。其主要优点在于简洁明了，可清晰定义任务、责任和专长。然而，功能结构也有其缺点，包括分散警务力量、阻碍变化，以及造成协调困难。其问题在于可能会因过分强调分支问题的管理而忽视了整体策略。

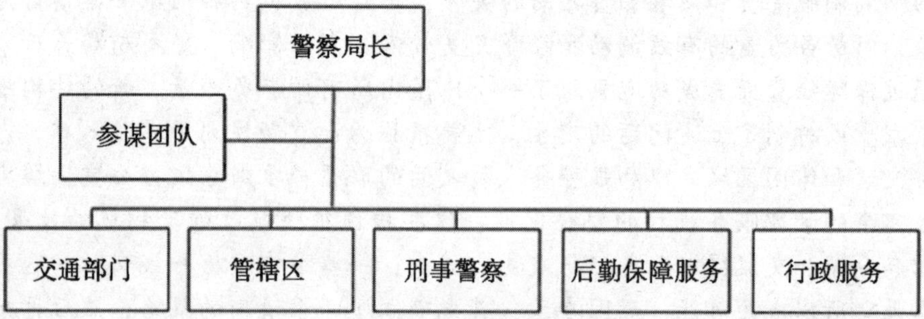


图3.4 功能结构

### 3.2.2 部门结构

部门结构（图3.5）是依据产品、过程或者地域（如一个联邦州的一个警务部门）所区分的不同部门来进行组织的。其结构本质是将人员分派给不同的功能领域（如巡逻、侦查，或者后勤服务），以及特定的项目（如特别任务小组或者针对特定犯罪活动的计划）。[1] 主要优点：警务主管可以专注于总体策略和管理技巧，下设不同层次分别展开。与之相应的是，其缺点在于各个部门机构之间会出现冲突，协调方面也比较复杂。

---

〔1〕 查尔斯·R. 斯旺森、莱昂纳德·特里托、罗伯特·W. 泰勒（Charles R. Swanson，Leonard Territo，Robert W. Taylor）：《警察管理》，培生教育出版集团2005年版，第247页。

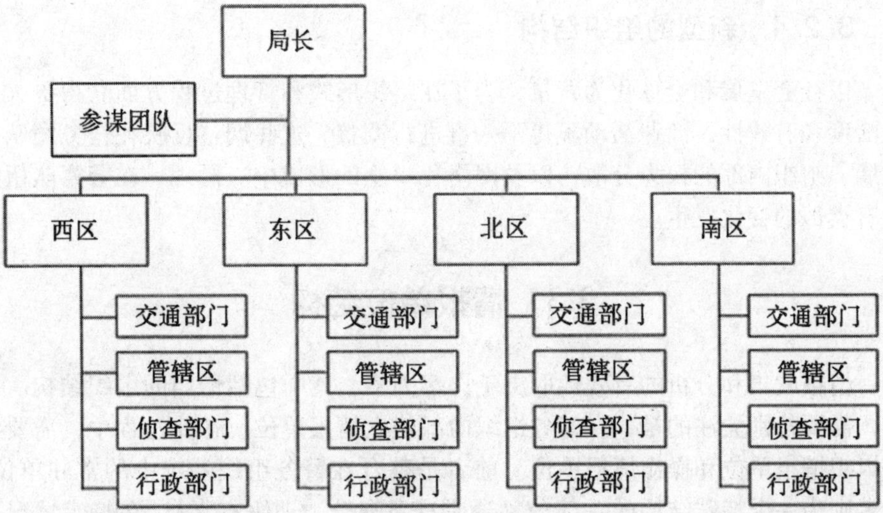


图 3.5 分支结构

### 3.2.3 矩阵结构

这个被称为"矩阵"的模型综合了功能结构和部门结构。其优点主要在于强化管理者的责任，提高其管理技巧。然而各个部门之间的冲突风险依旧存在，协调和控制较为复杂，原因是专门人员需要向功能机构和行政方面的两个负责人进行汇报。

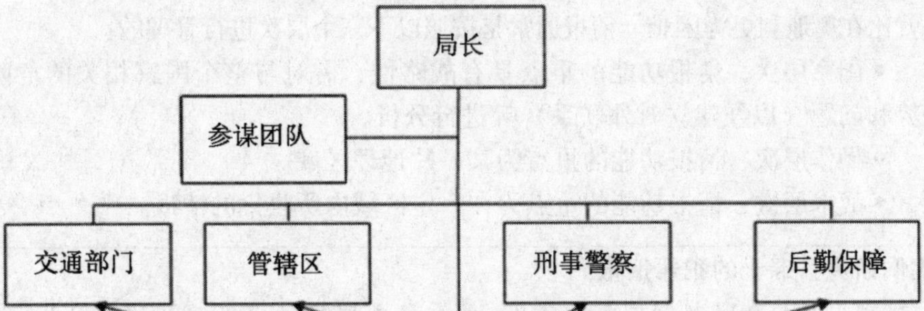


图 3.6 矩阵结构

### 3.2.4 新型的组织结构

以社会发展和全球化为背景，为了在组织形式和管理过程方面获得更大的灵活度和有效性，商业活动不得不一直进行调整。这些调整反映在任务团队的发展、组织内部的权力分散，以及网络化组织的形成中。同理，在警察队伍中也有类似的变化发生。

## 3.3 情报单位结构

情报收集和分析的有效性取决于许多因素，其中包括恰当的组织结构。因此，需要特别关注的是，在警务组织内部建立情报单位。在此过程中，需要区分组织情报单位和操作情报单位。前者是整合在警务组织系统中的常驻单位，后者则为一个特殊结构的一部分（通常准备充分、训练有素），在特定情况下进行机动反应。该单位的关键要素包括：功能，一般组织的整合，结构（管理的和操作的）以及人员要求。本章附录中提供了一个管理序列的样板，囊括了在建立情报机构的过程中需要处理的几个重要方面。

### 3.3.1 情报单位的层次

情报可以按照所收集到的数据的不同范围和不同应用进行分类，组织机构须依此采用恰当的程序来确保这些层次之间的有效协调。根据情况的不同，问题会变得非常复杂。例如，因为其自治实体的数量不同，信息的管理在比利时警务部门就比在奥地利更为困难。情报通常是按照以下三个层次进行管理的：

- 国家层次，情报功能的重点具有战略性，需对与整个国家相关的危险、趋势和问题（以及建立对外联系）等进行分析。
- 操作层次，情报功能的重点为某一片地理区域。
- 战术层次，情报功能的重点为在一定区域内所收集的情报。

**案例研究：瑞士的犯罪情报**

瑞士是一个联邦制国家，设有26个警务部门（以行政区域划分）。此外，另有两个城市警察局也有调查权（洛桑和苏黎世）。联邦警察部门还具有专门的管辖权，涉及国际警察合作和国内协调，还可实施主要与有组织犯罪相关的调查。

在这样一个复杂的系统里，情报可大致按照以下方式进行组织（图3.7）：

- 策略分析主要在联邦层次展开。一些州的警察部门也可以实施策略分析。

●操作分析在地区或者州一级进行。自 1994 年以来，一个区域性的分析中心（CICOP）负责参考和比对来自整个区域的大量犯罪信息，以期应对流动犯罪。该中心将一系列目标情报产品传送给调查员、行动总指挥以及其他合作伙伴（如边防人员）。类似的分析中心在此期间成立，覆盖了整个国家（如 ZENTRA，RLZ，PIZO，见图 3.7）。这些中心目前都采用了类似的原则，用于分析和归纳反复出现的犯罪活动。

●协助调查的战术分析由上至联邦、下至相关城市的每个警察部门单独组织，然而最近全国上下统一采用了相同的培训计划。

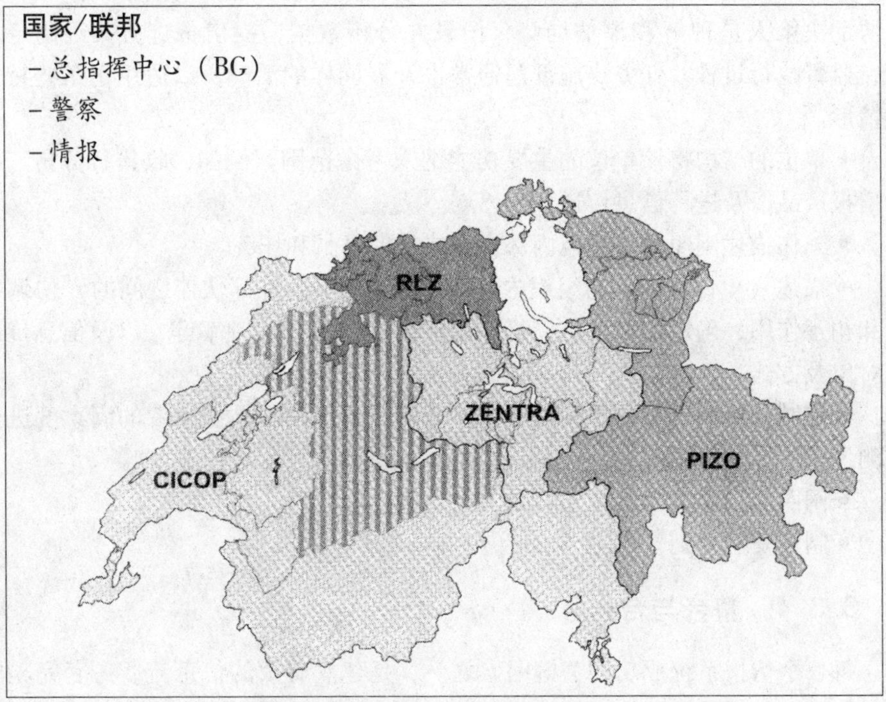


图 3.7　瑞士的分析层级：最小的实体代表州（内部分界）

该系统在掌握跨管辖权的犯罪问题方面表现出很大的优势。然而，从分析和决策制定的角度来看，各个层级之间（从地方到中央）的协调运作还远未达成。例如，大多数警察对于情报主导的警务方法依旧缺乏认识。和警务体系相反，边防部门是由瑞士联邦管理的。全国总指挥中心开展战略情报工作，而每一个区域性的指挥机构都设有情报单位，收集各边防检查站所提供的数据。每一个边防站都有专门的边防警官负责信息收集，并将信息传送给该地区的情报单位，而后者负责将数据整合后再传送给全国总指挥中心。

### 3.3.2 情报单位的要素

虽然在一个组织内部建立常驻情报单位的要求适用于各种类型的情报机构，但是该单位的使命、任务和资源却取决于所涉及的特定层次。

### 3.3.3 基本方案

- 政策说明情报的目的，是策略展开的基础。
- 任务由组织的情报单位内部制定。例如，收集管理部门要求的数据，为了协助决策人员理解和评估局势，记录并分析数据，提出备选方案，制定决策，监督执行过程。任务实施部门通常也开展同样的活动，以适用于某些特定的情形。
- 单位的结构将该单位的主要功能纳入考虑范围。例如，收集、分析、研发情报产品以及进行信息传递。
- 工作描述阐明每个单位内部合作成员的贡献和任务。
- 描述（单位内部、与组织内其他部门之间、与外部伙伴之间的）协调机制和相互作用；确定输出信息（即情报产品）的形式和频率等，以及信息传递的对象及方式。
- 控制和反馈机制包含绩效审查；他们还对情报产品使用者的满意度进行了测评。
- 阐明后勤保障要素，尤其是人员的遴选和培训。
- 制定安全准则。

### 3.3.4 整合与合作

每一个情报系统成功的关键因素之一，是建立有效的信息流。一套完整的信息处理方法至关重要，因为大量丰富的情报来源（组织机构内外）对情报分析大有裨益。在第二章概括的“5W + H”模式可以被用来确定信息来源、方法和接收对象。

成功的情报系统还有赖于无论是在机构内部还是在机构外部建立一个有效的资源和关系网络。不幸的是，通常认为，在机构内部的信息共享会受到许多阻碍，如各单位之间的竞争和嫉妒，组织过程和结构不够充分，以及不良的交流和反馈过程。

当不同的警察机构处于同一片辖区内时，区域基础上的信息共享是支撑其成功合作的关键要素。承担领导功能的警察机构应该负责系统的发展和管理，分析其他机构（或者其他来源）提供的信息，传递经过分析的信息产品，并且在可能的情况下协调后续行动。还应建立信息融合中心，旨在协调管辖界限重叠地区的情报来源。

**案例研究：地区性信息共享系统（Regional Information Sharing System，RISS）**

许多小的警察局都没有充足的经费建立专职情报单位。RISS 系统创建于美国，用以协助情报共享。RISS 是地区性网络，由六个跨州的中心组成，旨在以地区为单位开展行动，并在信息共享资源、信息分析服务、培训以及技术支持方面向其成员提供帮助。RISS 服务对象涵盖超过 8100 个执法部门和刑事司法机构，这些部门和机构代表着近 100 万名正式警官，主要分布在美国、澳大利亚、加拿大和英国的地区、州及联邦警察局。

情报合作的开展也是在国际范围内加强警务合作的一个重要特点。一些重要的合作机构如下：

• 国际刑警组织，创建于 1923 年，有 186 个国家与地区加入。国际刑警组织拥有的数据库信息包括：重大犯罪嫌疑人的资料信息，丢失或者失窃护照信息，指纹以及 DNA 档案。所有信息通过在各国家或地区设立的中心办事处的网络进行共享。

• 欧洲刑警组织，收集和分析有组织犯罪的情报。各成员国分派警员驻扎在其设在海牙的总部，将情报直接与各国警务部门共享，同时也与欧洲刑警组织的犯罪分析专家进行信息合作[1]。

• 欧盟边防局，是欧盟的一个机构，设在华沙，任务是在边境安全领域内协调各成员国之间的行动合作（其活动由情报驱动）。

• 关于建立边境联络点的双边协定，如法国与瑞士之间的“警察与海关合作中心”，瑞士和法国的警官、宪兵及海关官员在日内瓦机场的同一所办公楼里工作，共同分享情报、协调行动。

• 警务联络官和警务专员，在双边或者多边警务合作中扮演着重要的角色。

---

〔1〕 弗莱德·施雷尔（Fred Schreler）：《以情报主导行动对抗重大犯罪威胁》，载《Occasional Paper》（瑞士），2009 年第 8 期。

**案例研究：维和行动（Peace Support Operations，PSO）中军方与警方的合作**

如果说军队和警察在联合应对重大灾难时已经开展了有效的合作，那么在维和行动的背景下，这种合作需要进一步加以改进。在理想状态下，维和行动应逐渐发展为将重大国际军事部署任务移交给国际民事警察机构，后者培训并逐渐将权力转交给国内的警察部门。还是在理想状态下，在此过程中地方管理者权力逐渐增加，警察的民主化管理也逐渐增强。

然而，事实却并非如此，上述不同阶段频繁重叠交叉。因此，有必要明确相关的合作框架。以下为三种通用的“情况”：

- 替代：该情况发生在军事管控阶段已完成，而常规警务力量还未部署或者未完全部署之时。因此，真空阶段已经产生，需要采取必要行动来维持秩序。军队对于此类任务缺乏充分的准备而且也未受过训练，因此，在必要的情况下需部署准军事性的警务力量（如宪兵）。
- 支持：该情况在警务力量已经完成部署时发生，此时军队为警察开展行动提供了后勤和行动支持。
- 合作：警务力量和军队联合行动、相互合作。

到目前为止，来自维和行动的经验凸显了许多有关军队和警察合作的困难，其中包括：相互之间的偏见，文化差异，解决问题的不同方法，行动程序的差异，以及信息共享的不充分等。

为了提高协调计划能力，在部署维和行动之前，应采取措施提前训练高级人员，建立共同的语言程序和协调机制，开展信息交换，设立相同的评估过程。

### 3.3.5　组织的定位

情报单位的定位应在组织系统中明确界定。相应的，确定情报单位和组织内其他相关要素之间的相互关系也非常重要。为了使提供的信息产品完全融入决策过程，关键在于情报单位直接向组织领导者或者其代理人进行汇报，而且情报单位可以直接接触内部信息的来源。组织结构（功能、部门或者矩阵）可能促进或者阻碍情报单位的工作。在功能结构中，情报单位应该直接向主管汇报，而且成为整体机构的一个特殊单位。单位的成员应与不同功能领域进行直接接触，同时还应制定原则规范情报的流动（提供什么情报，由谁提供，提供给谁，何时提供，怎样提供等）。

在部门或者矩阵结构中，应在总部设立中央情报单位，向主管汇报。按照组织规模的大小，需要在每个部门安置情报单元或者情报联络员，由他们向中央单位汇报。由该情报单位主管和情报官建立规范信息流动的原则。在矩阵结构中，双重报告系统（功能和行政）可能会造成一些问题。

### 3.3.6 单位结构

收集来自实地调查和案头研究的数据。设置数据库，既可便于相关授权单位查询，也可辅助分析专家的工作。该数据库承担组织机构记忆库的功能，应逐渐发展为综合信息库。

分析部门负责处理数据，并研发情报产品提供给决策者，或者将其作为一般信息提供给那些“需要了解”的人。

现场资源部署和相关的监控应该作为情报单位的一项功能，或者交由组织内部的另外部门来处理。通常来说，现场资源是指合作者履行常规职责，内容包括依据要求按照情报官（IO）/行动指挥（OC）制订的收集方案提供特定或者实时信息。然而，在有些情况下，特定信息必须由秘密特工或者其他专门特工来收集。这样的操作会出现很多难题，因此有必要密切监控并跟进类似的行动，情报单位可以承担跟进任务。在大型机构中，类似任务交由特定部门负责。

**案例研究：情报部门的典型结构：**

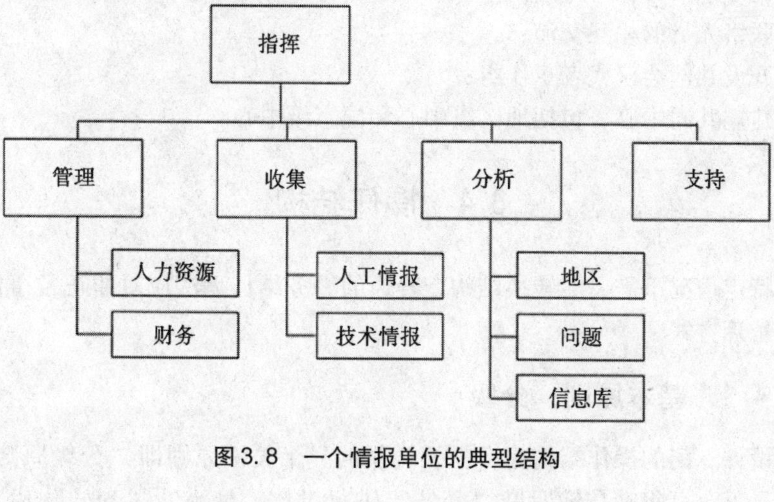


图3.8 一个情报单位的典型结构

德国模式是将收集和分析部门分开，而美国则是将其按照地区合并这些功能。

### 3.3.7 情报单位的任务与人员概况

若要设立一个有效的组织机构，信息周期须包括必须完全掌握的不同任务，这些任务可以根据其对信息过程的贡献进行细化。本章结尾附录 3.2 为此提供了范例。

### 3.3.8 协调机制

**在单位内部**

内部单位流程不应与其他单位使用的机制有所区别，如布置任务和协调会议。

**在决策阶段**

最重要的相互作用涉及将情报功能融入决策过程。本书的概述和第二章描述了在决策过程的不同阶段情报所扮演的不同角色。

**与外部伙伴及利益相关者**

根据相关的法律要求，需建立外部协调框架。

协调可以来自：

- 联络人员的相互交流；
- 开设共同会议或者工作组；
- 建立共同中心，包括地区级中心和国家级中心。

## 3.4 操作结构

在特定情况下需灵活转换结构，普通的警务结构无法应对非正常事件所需的危机管理方式。

### 3.4.1 基本原则：分级

在设计专门的操作结构时，需要遵循的一个关键原则即“分级原则”。在这个背景下，可将其与俄罗斯“套娃”进行类比：最小的“套娃”代表核心结构，较大的“套娃”则代表根据情况需要所附加的不同因素。例如，警务部门的控制与指挥中心（CC）提供稳定的核心因素，该因素可以根据处理事件的规模予以加强；如有必要，可由专门的机构接管案件的整体管理。下面的例子展示了一种处理不同情况（正常与特殊，特殊与危机）的可能方法。根据案件的相对复杂性和作出有效反应所需的资源情况，可区别对待。指挥结构和责任分配也需作出相应的调整。存在三个层次的干预情况：正常、特殊和危机。另有四个利益相关群体：警官（巡逻警察和警探）、指挥中心（CC）、执勤警官和危机处理机构。前三种是固定的，最后一种需机动化。表 3.2 概览其过程。

**表 3.2　分级原则**

| 案件等级 | 巡逻 | 指挥中心 | 执勤警官 |
|---|---|---|---|
| 正常 | 可以处置案件；通知指挥中心 | 收到巡逻警察通知；可要求了解更多的信息或者寻求补充信息 | |
| 特殊 | 不能独立处理案件；采取初步措施；通知指挥中心；要求增援；指明联络点 | 评估形势；在职权范围内采取初步措施；派遣力量；管理信息的获取和传播 | 收到通知；确保采取充分的初步措施并传播信息；采取必要的补充措施 |
| 危机 | 采取初步措施；通知指挥中心；要求增援；指明联络点 | 评估形势；采取初步措施；通知及部署增援力量；在责任未移交之前指挥行动；管理信息的获取和传播 | 收到通知；确保采取充分的初步措施并传播信息；决定临时调用专门机构；承担临时指挥直到专门机构接手 |

## 3.4.2　专门结构

能够机动使用的“专门结构”可分为两类，第一类由专家或专业化单位组成，由责任领导管理（如爆破小组、特警队或者谈判团队）；第二类由全权指挥机构组成，以接管危机管理工作（将专业化团队整合到“危机”处理的综合资源中）。在此种情形下，分级原则所保证的灵活性可为行动指挥提供巨大的优势。

**案例研究：渐近式机动管理的优势**

本书的作者之一曾亲自体验过接管警队指挥任务的过程，在该过程中，灾难与危机应对结构受到检验。幸运的是，这仅仅是一次演习，然而演习规模非常之大，不仅有技术支持，还有超过100名来自包括警务、消防、卫生等不同部门的人员参与其中。演习涉及一场化学品爆炸事故，其间造成大量人员死伤，大雪阻塞交通，天气情况加大了处理问题的难度。对局势进行评估后，灾难应对方案立即被激活。然而，一旦决策制定完毕，计划的全面部署在后勤和操作方面就会出现诸多困难。任务报告显示：在演习中，某些资源的部署是多余的（至少不是立即需要的），若以更高的灵活度，遭遇到的问题本来是可以大幅度减少的。基于这种负面经验，灾难应对方案的行动指挥评估了整个机动过程，加大了灵活度，并且根据实际情况重新进行了资源调配。随后的事件和演练证实了新的结构要比之前的旧结构更为恰当。

### 3.4.3 危机结构的渐进部署

在危机应对计划中不存在单一的最佳解决方法，要依据当时的具体情况决定是否逐步调动危机结构。接下来比较重要的是，要有决策的自由。表3.3描述了一种循序渐进的过程，即一种组织这一类结构的可能方式。

表 3.3　渐进性危机应对计划

| 情况 | 机动处理 | 说明 |
| --- | --- | --- |
| 无法使用正常的方式或手段来处理的严重或非正常事件 | 第一步：<br>由指挥中心和执勤警官评估局势，然后调动一级危机管理团队（CMS） | **地点**：危机控制中心<br><br>**参与者**：<br>行动总管或者代理总管；着装警察，刑事警察，后勤保障单位的负责人或者代理主管；情报单位：通信人员；所需专业人员（新闻官，后勤官）<br><br>**任务**：评估局势，并就需要部署的资源作出决定 |
| | 第二步：<br>（已采取决策调用一级应急 CMS，并分配充足的资源）：如有必要，完成 CMS 的人员配备；在事件现场部署前线 CMS，并当场接管危机处理任务 | **地点**：<br>CMS：危机控制中心<br>一级应急 CMS：事件现场<br><br>**参与者**：由任务管理需求所决定<br><br>**任务**：（部分任务）<br>CMS：整体管理，与政治当局和其他机构的协调/与媒体的联系<br>前线 CMS：在干预现场对事件进行管理 |
| 说明 | 参与者和分配的资源取决于事件的规模和类型。如有大型灾难发生，需整合多个机构。如果事件覆盖区域较大，可能需要设置多个前线危机管理团队（FCMS），如一场影响几个村庄或城市的自然灾害。主管 FCMS 的个人应负责与事件直接相关的事务，如消防部门的主管。决策过程可在 CMS 和 FCMS 之间重复进行。每一级指挥结构都应设立情报单位，特别要将重点放在机动程序上，包括：人员的机动，机动的优先次序，以及机动的程序和手段 | |

## 3.4.4　操作结构

本部分讨论处理特殊或者非常事件的三种结构范例。

### 3.4.5 计划的事件

警务部门被要求为某一大型事件组织安保，如在辖区内的某城镇举办的一次国际会议，或者可能出现暴力事端的运动赛事。类似情形有的两种恰当的警务组织结构，其一对应准备阶段，其二对应着执行阶段。此处核心是警务部门，但是也要考虑建立与其他机构或者当局的联系。例如，建立沟通渠道，或者将这些机构的代表整合到上述结构中去。

**计划结构**

计划人员的单位应围绕所需处理的问题进行设置，如信息和情报、战术部署、后勤和技术保障、媒体联系。

信息处理由两个不同的分支机构完成（图3.9）：情报部门收集和分析与所面临的威胁相关的所有数据；信息部门收集和处理其他要素，以便做出各种决策（如关于可以在哪里安置安保人员的信息）。

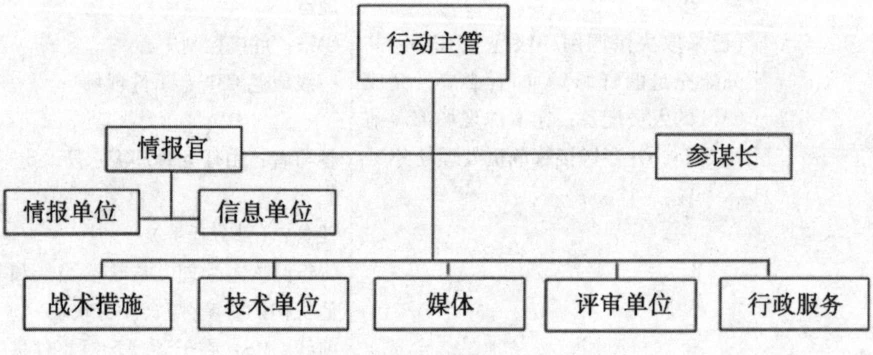


图3.9 计划结构

**指挥结构**

当行动阶段开始时，计划结构将演变为指挥结构（图3.10）。总的来说，需要考虑两种不同层次的指挥：通常设置在警察总部的中心指挥岗位，或者设置在事发地点或者附近的单一的或者（在某些情况下）多个分散的指挥岗位。图3.10提供了计划某一行动的一种可能的结构范例。

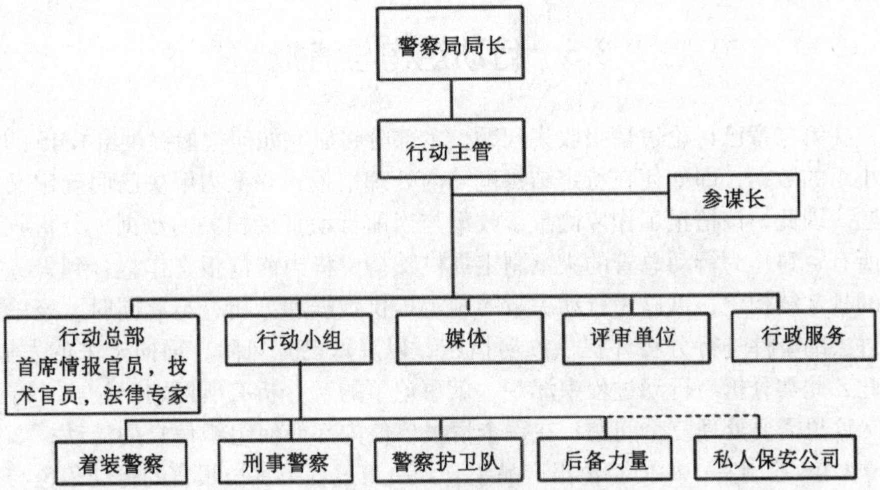


图 3.10 指挥结构

**灾难和其他大型事件**

在某些情况下，问题的性质从开始就很明朗，如火车事故造成大量人员伤亡，可立刻启动紧急反应。但在其他情况下，有可能无法立即确定相关风险，或者并未对计划进行充分部署，可以根据情况需要予以增援。在这种情况下，警务部署会很快得到其他部门的增援。资源的灵活调配，以及有备而来并且拥有完备的应急计划，是决定所采取的措施是否有效的主要因素。

**人质管理危机**

用以应对人质危机的结构可作为核心警务结构调整的另一个范例。通常需要调动以下几种力量：行动总部的核心人员，包括行动总管和其直接下属，以及分散的现场指挥和处理问题所需的资源部署。

CMS（危机管理团队）的核心不变，但是可加入一名心理学家、一名医生、一名法律顾问和（或）其他专业人士。需确定事件的政治属性，并且建立与相关当局的联系。政府联络官应脱离 CMS。要根据实际情况调配补充人员或是增加在事件现场部署的资源。

对于基本结构的主要调整发生在事件现场，除了指挥岗位之外，还需设置谈判小组与挟持人质者展开谈判。谈判小组通常独立于前线的 CMS，两者不需要相互联系。决策只能由 CMS 的指挥决策层内部制定。

## 3.5 行动结构与情报

在第二章已讨论过情报收集问题，本部分将研究如何把握提供给 CMS 的情报小组的数据，即如何在特定结构范畴内处理情报，并全力解决已明确定义的问题。因此，该情报工作应侧重于收集与当前行动直接相关的数据，分析收集的所有资料，为行动总管的决策制定提供支持。将当前情报工作整合到警务部门的日常结构中，可以为行动决策的制定提供数据和分析，与此同时，该单位对过去的事件进行分析并提供预防措施，以降低已知风险，面向未来的发展。因此，此类分析与行动过程中那些“就事论事的”分析有所区别。

这里需要处理三个问题：在一个情报单位内部如何组织信息的流动；如何建立 CMS 控制室；如何将情报产品整合到决策过程中。情报官的行动角色与报告系统将会在第五章进一步深入探讨。

### 3.5.1 情报单位内部的信息处理

操作链通常采取下列形式：

- 数据录入（记录所有通信数据和信息，标明来源、时间和起点）。
- 评估信息的质量。
- 以评估的信息为依据推荐需采取的措施。
- 撰写信息日志（事件日志。）
- 如有必要，绘制信息表。
- 按照规定程序传播信息。
- 登记信息。

为实施该套行动措施，可依据图 3.11 来组织行动情报单位：

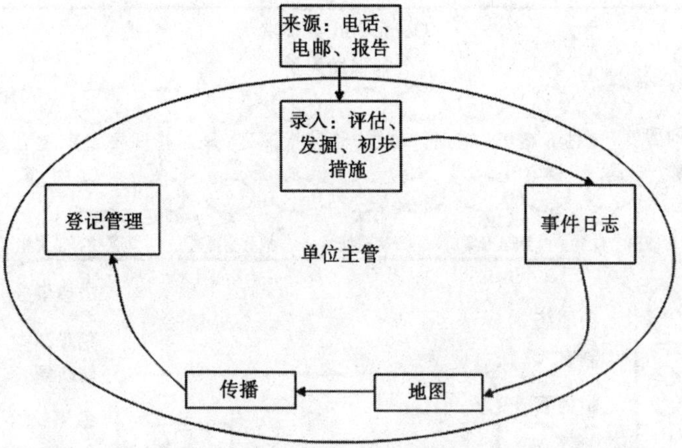


图 3.11　行动情报单位

## 3.5.2　控制室

在具有一定规模和周期的行动范畴下建立一个控制室很有必要，可以协调各个部门之间的关系，并且安排轮班值守制度，以确保指令执行的连续性。在此情形下，有必要对行动保持一个大局观，以及确保在指挥部人员轮班值守时信息得以充分传输。

在控制室可以提供三种信息（可在墙上展示），在表 3.4 中有简要介绍，图 3.12 提供了 Compstat（警务责任系统）会议室范例。

表 3.4　控制室的三种信息类型

| | |
|---|---|
| 行动过程 | 任务<br>行动意图（如何执行任务）<br>表格（命令及资源部署链）<br>地图<br>通信系统，对外联络<br>专门措施（什么，何人，何时，状态）<br>补充信息 |
| 信息 | 最后期限<br>下一次汇报<br>补充信息 |
| 组织 | 轮班计划<br>人员组织<br>其他信息 |

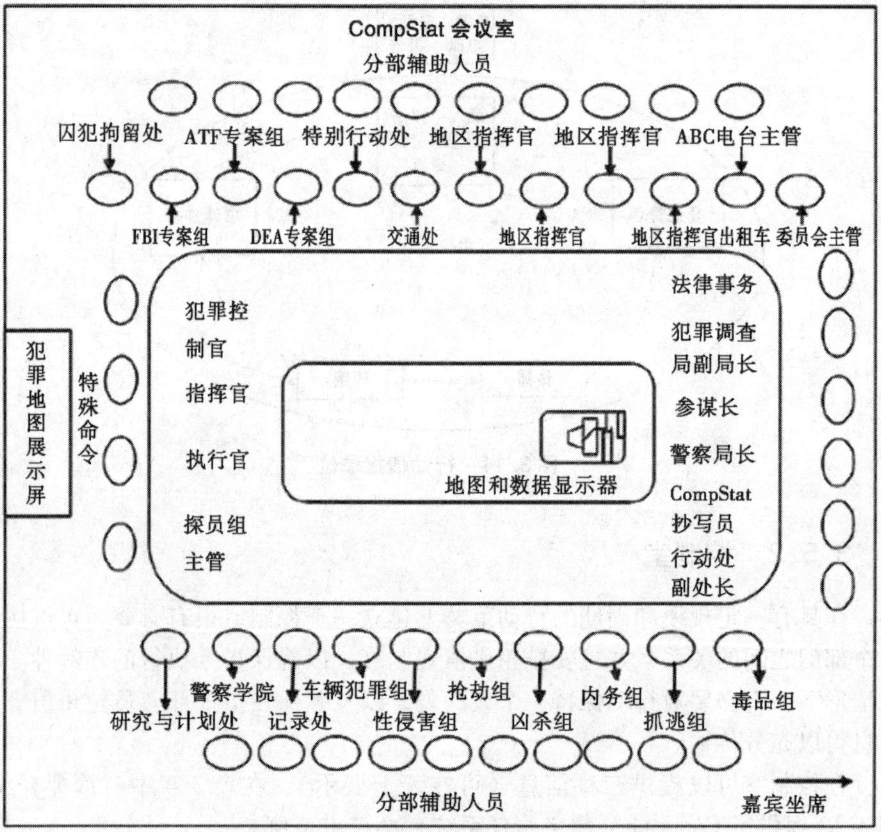


图 3.12 Compstat 会议室（感谢作者善意授权）[1]

## 3.6 总结及要点

• 策略或者决策的实施通过结构达成，结构可以是管理或操作上的。

• 虽然结构从逻辑上来讲需要依据策略，但事实上在更多情况下策略的形成必须遵从现有的结构限制。

• 组织结构具有诸多类型，主要的结构包括功能组织、部门组织和矩阵组织。从集中与分散的关系、权力的授权与掌控，以及信息的流动来说，每种结构类型都各有利弊。

〔1〕 J. 尚恩（J. Shane）：《警务责任系统的实施》，载《美国联邦调查局执法公报》，2004 年 6 月。

• 行动结构能否成功，主要决定因素在于在时间和资源方面进行调动的灵活度。在俄罗斯“套娃”范例中，如果根据所面临的情况类型来完成核心要素，可以取得充分的灵活度。

• 情报人员和情报资源必须在结构上整合到组织和行动中。在设计情报结构时，与决策者的距离远近和信息流是两个关键要素。

• 需特别注意相关过程和对情报单位人员工作职责的描述。

# 附录 3.1

## 行政命令

下述范例（表 3.5）提供了一个大致框架，通过确定所有必要环节设立情报单位。可根据情报单位设立时所处的特定组织背景来补充必要细节。

表 3.5 设立情报单位示例

| 行政规则 |
|---|
| 1. 任务<br>• 总体任务<br>2. 情报组织的任务和总体职责<br>• 任务<br>• 构建情报与风险评估体系<br>- 战略的<br>- 行动的<br>- 战术的<br>• 基本方法<br>• 普通资源<br>3. 情报单位的组织<br>3.1 地理层面<br>• 中心的/战略的<br>• 地区的/行动的<br>• 现场的/战术的<br>3.2 战略层面的组织和职责<br>• 使命和任务<br>• 结构和权力<br>• 与决策之关联 |

续表

| 行政规则 |
|---|
| 3.3　行动和战术层面的组织和职责 |
| • 使命和任务 |
| • 结构和权力（行动和战术层次） |
| • 与决策之关联 |
| 3.4　不同层次之间的关系 |
| 4. 特定的犯罪情报操作活动和目标 |
| • 不同信息类型 |
| • 谁有权力下达指挥行动指令、确立目标（各个层次）和提出信息/情报要求 |
| • 监控和汇报 |
| 5. 收集和处理信息 |
| • 信息收集 |
| a. 所有警官的职责 |
| b. 情报人员的职责 |
| • 信息评估 |
| • 数据库的使用 |
| 6. 分析和汇报 |
| • 合作报告 |
| • 情报分析产品 |
| • 情报产品的传播 |
| • 决策的描述 |
| 7. 结果评估 |
| 8. 信息交换平台 |
| • 与其他国家权力机关（各个层次）分享信息的权利 |
| • 与调查员的合作 |
| • 联络官的使用 |
| 9. 培训与教育 |
| • 总体需求 |
| • 人员要求：个人档案与职业描述 |
| • 遴选过程 |
| • 责任 |
| • 项目 |
| • 与其他当权部门的合作 |
| 10. 内部沟通 |

# 附录3.2

## 情报单位的工作职位

表3.6 情报单位工作职位概述（续）

| 职位 | 贡献 | 专门任务 | 人员能力要求概述 |
| --- | --- | --- | --- |
| 情报官/行动主管 | 总体职责与担当 | 清楚描述情报收集的要求 | |
| 情报官/操作主管<br><br>（此处范例是指一个组织内部的主管负责两种事务：管理情报单位和担任情报官员） | 确保情报单位的效果和效率；解释和强调分析手段和产品〔1〕；促成后续评估 | 管理情报单位（确定目标，执行政策及实施程序，分配资源，协调，动员，遴选合格人员，培训等）；开发和展示情报产品；在充足的时间内以适当的形式传播信息；在职权范围内提出建议；根据情况变化，提出与新信息的收集和传播相关的建议；行动任务 | 深入了解情报工作和决策程序的管理者 |
| 收集（现场警官提供信息，案头研究人员从已经得到清晰说明的不同来源中获取信息） | 提供必要的信息，以辅助决策的制定 | 确定收集的信息；确定和培训信息提供者；确定收集的方法和手段；确定和监督安全要求（硬件方面，程序方面，人员方面） | 有能力积极募集、部署人力资源并能够处理技术性收集问题的现场警官 |
| 核对<br>数据管理部门 | 选择重要信息并组织登记；进行文件记录；建立知识数据库 | 输入数据；向被授权方提供便捷访问；向分析员提供研究支持 | 精通数据管理 |
| 解释<br>分析部门 | 将信息转化为情报 | 分析；解释，澄清，强调；研发产品 | 具备分析能力 |

〔1〕《国家信息示范手册》21页，国家刑事犯罪情报署（英）出版，www.policereform.gov.uk/implementation/natintellmodel.html（最后登录：2010年6月25日）。

续表

| 职位 | 贡献 | 专门任务 | 人员能力要求概述 |
|---|---|---|---|
| 传播（通常不是一个专门部门，除非作为一个大型组织的一部分，内容为准备简报等） | 在规定的时间内以适当的形式将信息传输给需要的对象 | 确定传播的对象；确定传播的形式、频率、手段；公开展示 | 具备沟通能力 |
| 反馈 | 监控实施过程并做出必要的调整 | 控制 | 具备情报领域的行政管理技能 |

# 4 权力与领导

## 宗 旨

虽然结构很重要，但人才是组织成功的基础要素。虽然人的行动会受益于结构或者其他元素，人的因素仍然不失为组织成败的重要因素。一个组织内部的成员要学习如何使用相关的结构来强化自己的目标或者利益。与此同时，个人利益与集体目标的冲突也会造成低效和矛盾。本章从组织角度检视权力、领导及相关矛盾中的核心问题。第二章描述的理性的决策过程会在不同阶段受到权力和领导这些现象的影响。

## 4.1 什么是权力

第一章所阐述的系统的概念，将其定义为："各种要素和角色的集合，他们相互作用，并与其环境有机结合以达成某种目标。"举例来说，在安全系统中，主要的角色有军队、警察、边防警卫和私人保安公司。

在这个背景下，一个组织可以被描述为一个社会实体（成员之间相互作用），具有理性的组织结构（管理、结构、程序），在一定框架内完成活动（使命），框架的边界是固定的（领地、服务范围、顾客），并在一个与之相互作用的环境内追求明确界定的目标（策略）。一个组织也可以被看成一个竞技场，在这个场地内成员之间展开竞争，这些成员的利益和目标可能与集体不一致。为了达到个人目标，这些个体可以发挥其专门优势，该优势与他们在组织中的职位相关（如果他们具有一项主要专长的话），前提条件是这些优势与他们想要发掘的机会相关。因此，一个组织不应该被看作由理性驱动的，必须认真对待低效和矛盾。所以权力的实施是为了避免特殊利益凌驾于组织目标之上。权力可以正面使用以实现组织目标。对于一个组织的分析需考虑各种相关因素，并设法理解其各自的利益和目标，这会大大影响组织的运转。以警局内部的刑事部门为例，我们可以得到这样一个图解。在底层，每个探员都渴望晋升；在部门层次上，主管也想抓住每个晋升机会，但还要努力争取增加配置给自己部门的资源，同时对抗其他追求同样目标的部门主管。然而，所有人都要团结起来扩大警局内部刑事部门的自主权，同时，所有警察（包括探员和制服警察）在有利条件下也要联合起来，以便从警务职权机构那里获取更多利益。

即便是在警局这样等级划分明显的组织里，权力从来都不会不受限制，也不总是依据组织结构图加以确立。权力可以被界定为某些个体或者群体凌驾于另一些个体和群体之上而行动的能力。反过来说，在组织内部某些个体或者群体对抗其他个体或者群体的能力也是获取权力的一种形式，因为这可以赋予他们一种讨价还价的权力。因此，协商成为一个关键概念，权力可以根据围坐在谈判桌周围的个体或者群体地位的强弱来衡量。

根据弗兰奇和雷文（French and Raven）的分类，有五种类型的权力：奖励的权力，胁迫的权力，法定的权力，专业的权力和感召力的权力。[1]还可以加上妨害的权力，因为如果一个个体或者群体可以伤害组织的运转，那么他们就能获得与管理层面对面协商的权力。这种情况所导致的结果就是组织结构图无法准确地呈现出组织内部的关系；然而，不在高层职位上的成员因为其魅力、人脉或者专长也可以有很大的影响力；合法的权力因此被削弱甚至被搁置。

### 4.1.1 组织内部的权力

敏兹伯格（Minzberg）研究了企业内部的权力分布。[2]他区分出六种类型的人员，每一种都拥有一定的权力来影响组织的运行：总体指挥，管理层，技术人员，非技术人员，分析师，后勤人员。将他的布局应用于警察组织，我们可以确立下列简化的权力结构（表4.1）：

〔1〕 约翰·P. R. 弗兰奇、博特拉姆·雷文（John P. R. French. Jr. 与 Bertram Raven）：《社会权利的基础》，载《群组活力》，纽约哈珀与罗出版社 1960 年版，第 607 – 623 页。

〔2〕 亨利·闵兹伯格（Henry Minzberg）：《组织内部的权力》，载《Editions d´Organisation》（巴黎）2003 年版，第 64 – 69 页。

表 4.1　警察组织中权力的分布

| 功能 | 权力类型 | 影响 |
|---|---|---|
| 主管 | 法定的（程度高）；奖励和惩罚（部分直接，部分间接，取决于政治或司法层的决定）；专业性（可变量）；感召力（可变量） | 法定权赋予其有影响力的地位；其专业性、个人魅力和信息控制能力会增强或削弱其影响水平；与政治权威或者外界的关系也占有一席之地 |
| 官员 | 法定的（程度高）；奖励和惩罚（通常间接但重要）；专业性（技术程度高）；感召力（可变量） | 主要取决于其下属依据其专业性和个人魅力给予的认可度 |
| 警官 | 集体权力而非个人权力；权力（法定的）更多导向外界而非组织内部 | 其权力可能来自其或大或小的自主权（探员比制服警员自主权更大），以及其总体权力，可将这种权力用于协商 |
| 平民 | 专业权力 | 其影响力取决于其所从事的专业领域；因此，其权力依附于实现专门功能的个体而非群体；计算机专家可担任重要职能但警察餐厅的侍者则不行 |

## 4.1.2　外部权力及其对于组织的影响

现在可以考虑下列角色向组织所施加的外部影响（表 4.2）。

这个分析得到的实用的结果就是每一个管理人员都应该致力于了解自己如何影响他人以及如何被他人影响。以此为目标，可绘制影响关联图，并做好行动准备，以充分利用有利因素并减少不良关系的影响。所谓积极措施，包含确立同盟关系并与关键个体或群体建立联系。为发现潜在的风险而进行的信息搜索和环境观测，应该有助于管理者采取预防措施或者对策来确保自身的权力。

表4.2 外部权力影响所涉及的角色

| 角色 | 权力类型 | 影响和潜在问题 |
| --- | --- | --- |
| 政治权威 | 合法的 | 通过战略、法律和管理层面的行动力直接施加影响。通过预算程序和资源分配产生重要影响。在操作范围内可能会有受干预的风险，出现潜在矛盾 |
| 民间团体 | 间接的，通过其传递的价值观 | 在警务部门起重要作用。组织价值观和社会价值观出现差异时，会产生潜在矛盾 |
| 公众舆论 | 间接的，通过调查、投诉、给报社致函，以及示威 | 对于警务部门或警务组织的影响主要是间接的，因为其通过公共舆论表达的担忧由政治权威和媒体担当处理 |
| 施压集团及游说团体 | 间接的，通过政治宣传、媒体以及公众舆论 | 其影响取决于游说团体的事由和力量。施压带来的政治干预会造成潜在矛盾 |
| 媒体 | 间接权力，通过对政治、民意领袖、公众舆论的影响 | 对于某些事由所投入的关注，会造成警务部门或警务组织的计划被媒体左右的风险。例如，电视或者报刊所做的犯罪报道会在很大程度上引发公众的不安全感 |
| 工会 | （同上）与组织内部的联系 | （同上）如果一个问题由内部组织处理，组织内部会有潜在问题产生 |
| 组织伙伴 | 间接的，如果其决策对组织有影响（例如，警察必须继续履行安全体系内另外某个成员放弃的职责。在经济方面，一家公司可能严重依赖一个或者一些顾客或者供应商） | 影响和结果取决于关系的类型以及享有多大的自主权 |

### 4.1.3 如何取得权力

获取影响力的主要途径是什么？专项技能（目前为止对于组织很重要，如计算机专家），接触和掌控信息的能力，以及和决策者的亲疏关系（例如，局长秘书可以扮演看门人的角色），这些因素能够将权力赋予掌权者，无论他们在正式的组织阶层中位置如何。建立声望（专长、成功、人脉）是另一种强大的途径；但是，也许最有效的获取对他人影响力的方法是建立一种相互依存的关系，它取决于上级能够向下属提供必要资源的能力。因此，主管的下属将会根据其获取新资源的能力对其进行评估。在警局内部，长官与警员产生误解的一个主要因素就是双方的利益和目标不同。警员期待得到更多资源——他们创造新的晋升机会——而长官则因为受制于警务职权部门的财政限制，常常不得不寻找能够改进现有方式的其他选择途径。他也许不得不采取重组的手段，这时大家尽管不情愿，也只能接受裁员。为了应对这种情况，长官必须灵活操作。他必须一方面按照分配的预算行事，另一方面着重维持警局内部的良好氛围。如何取得这样的结果？在这种情况下，透明、沟通和联系是成功的主要因素。

然而，下属也可以与上级之间建立一种依赖关系。他们的权力可能来源于他们独树一帜的专长，或者他们与外界有影响力的人士所建立的关系，或者因为他们被选择代表其他人。在此背景下，警察部门内部的工会领袖就是很重要的人物。因此，我们可以观察到，权力并非单向运行。合法的权力不是总能自给自足，真正的权威背后必须有其他因素的支持。

## 4.2 权力所有者之间的问题

在一个组织内部各部分之间或者成员之间相互作用时可能会产生一些潜在问题。虽然我们在这里着重考察警务环境，但是在其他类型的结构中也会有同样的问题。问题总是相同的：冲突与一个系统或者一个组织内部成员之间的权力分配有关。个人的或者特定的目标及利益可能会与组织的目标和利益相抵触。

问题可以界定为三个方面：政治人物与行动指挥之间的关系（在私人公司里表现为董事会和首席行政官之间的关系），总部与分部之间的关系（私人公司中总公司和子公司之间的关系），不同部门、单位、组织成员之间的关系。可以在制服警察和探员之间或是在同一领域中共存的警务力量之间找到具体例证（在私人公司中，这种冲突可以在生产部门与销售部门的冲突中一窥端倪）。

如果我们首先将焦点放在政治人物与行动决策制定者之间可能会产生的紧张关系上，通过观察战时政客和指挥官之间的关系，我们可以从中得到教益。

**案例研究：战时的政客和指挥官**

在战争时期，观点的相左可能与政客和指挥官追求的目标相关。例如，第一次海湾战争期间，施瓦茨科夫将军想要进入巴格达，但是布什总统否决了这次行动，因为他知道推翻萨达姆·侯赛因会破坏地区的权力平衡。另一个冲突源自政客干扰指挥官们认定的责任范围。希特勒就把他的将军们看成是高薪的普通军士，并总是将自己的观点强加于人。

丘吉尔也常常激怒他的将军们，他总是不停地无情地询问并质疑将军们的想法和观点。〔1〕然而，这些政客之间也有显著区别。希特勒将自己的意愿强加于人，丝毫不考虑将军们的观点；但丘吉尔则不同，即便他的风格常常令他的合作者深感不快，但是正如丘吉尔的内阁秘书处成员诺曼·布鲁克所说，他在将军们心中注入一种全新的目标感和紧迫感，使他们意识到一只受强大意志指挥的手在坚定地操控一切。〔2〕手段使用上的差异也会引起双方的分歧，如在朝鲜战争时期杜鲁门总统就拒绝了麦克阿瑟将军使用原子弹的要求。

军队首脑可能也会努力影响政客。他们会采取操控信息、发挥专长、先斩后奏的方法来限制政客的选择自由，最有名的例子是史立芬计划。〔3〕该计划并未考虑任何政治或外交因素，而且也不包含任何其他选择。计划得到实施，因为违反了比利时的中立协定，导致大不列颠参战。史立芬计划的实施还造成了不可估量的后果，它意味着，当调集军队时，政客从属于军事指挥。

另一种冲突存在于紧密相连的两方：组织总部（中心）与下属部门或子公司（在警务力量或者私人公司内）。通常的责任分工将前景展望、战略实施、资源管理、参谋管控这些职责交由中心来完成，下属机构则是依据战略而行动。有时，下属部门想要寻求更大的自主权，或是更好地控制和占有更大范围的资源，甚至不惜牺牲其他部门的利益，这种情况常常会造成问题。权力分散

〔1〕 艾略特·A. 寇恩（Eliot A. Cohen）：《最高指挥》，载《船锚》2003年版，第95－132页。

〔2〕 艾略特·A. 寇恩（Eliot A. Cohen）：《最高指挥》，载《船锚》2003年版，第124页。

〔3〕 1904年，法国和英国结盟，合作抗击德国的潜在威胁。在协商中还将俄国纳入联盟。因为这些举措，德国军方开始担心法英俄的联手攻击。德国陆军参谋长阿尔弗莱德·冯·史立芬授命制定抗击联合进攻的策略。史立芬认为，如果战争爆发，当务之急是迅速打败法国，如果成功，英国和俄国就不会愿意继续战斗。史立芬预计俄国要花六周才能组织起军队攻击德国，因此，重中之重就是在俄国准备动用武力之前迫使法国投降。史立芬的计划包括将德国军事力量的90%用于进攻法国。担心法德边境法方壁垒坚固，史立芬计划取道荷兰、比利时和卢森堡进行镰刀式突袭。

通常会导致各级单位各自寻求更大的自主权；而中心则反感权力流失，并试图通过更严格的管理、程序和目标来重新确立控制地位，这些举措与下属部门所面临的问题可能不完全一致，因此造成冲突。

紧张关系也可能在组织内部不同人员或者群体之间发生。前文已经提到，个体或群体所追求的目标可能与组织的整体目标不一致。为此，个体或群体可能会更具独立性，加强专业能力和地位，在组织内部赢得先机。例如，在每个警务部门，制服警察和探员之间都存在冲突，两者的亚文化和职业目标都不尽相同。应该强调这种冲突既存在于一些为不同警种设置不同招募程序的警务部门中，也存在于探员由巡逻警提拔而来的背景条件下。为了避免对组织的生存产生致命影响，应该怎样处理这些冲突呢？

考虑到冲突各方的相互作用，我们可以重点关注两种情况：总部和下属机构的关系，掌管安全的政治人物与警察局局长的关系。

第一种情况可以概括出三种关系模式：

• 总部强大，边缘弱小。该模式可被看作权威模式。在这种情形下，前者可以强加其意愿，而后者只能遵守。这里可能不存在明显的冲突，但是问题有二：边缘是否有意愿遵守中心设定的目标？另外，此种情况是否会阻碍边缘的想法流向中心？

• 无序模式，即中心弱小，边缘自主性很强。在这种情形下，中心设立的目标只要不违反边缘自身的目标，就会得到对方的遵守。

• 民主模式，即基于双方合作伙伴关系，双方共同确定策略和目标，并且在任务分工上达成一致。

相似的情形出现在拥有不同警务部门的国家中。几乎不可避免地，警务力量之间的竞争与权力及责任分配相关。相似的例子有：法国的宪兵队和国家警察，美国的联邦机构和其他警务部门，德国的联邦犯罪调查局和国家警察，瑞士的州警察和市警察等。各方之间对立的主要核心是集权与分权，因此关系到系统内部各个层次的政治当局与负责人的角色与权力。其结果取决于冲突各方，主要是政治当局的权力。可能出现如下情形：

• 维持现状：不同政治层级之间权力比较平衡——主要是国家与联邦对地区或地方——没有一方能够压倒另一方，因而没有一方能够改变系统。

• 当权力平衡由于立法、经济或其他原因，倒向有利于国家与联邦的代表方时，权力得到巩固。奥地利就成功地以强大的集权合并了四支警察力量。

• 当权力平衡倒向有利于地区或地方层级时，权力得到稀释。在比利时的市政警察和国家宪兵的角力中，前者占得上风。

• 当各方达成妥协时，协调成为解决方法，通常可以将协调职责赋予联邦或者国家层级，而非下放权力，使其他各方独立。

同样的模式可以用来概括掌管安全的政客与警察局局长之间的关系框架。可确定下列情况：

• 政客的影响力强大，他将局长看成自己政策的执行者；如果局长弱势，那么这种关系便可行；如果局长强势，就可能不会接受扮演从属者的角色，因此矛盾产生。

• 如果情况相反，即局长强势，政客为了顾全大局顺从对方，那么至少在不出问题时，双方关系融洽。如果出现问题，局长不能期待得到上司强有力的支持。另外，这种情况的冲突风险较高，因为局长很可能会越权操作，伤害政客的自尊。

• 当两方都很强势并能力出色时，他们的关系会产生富有成效的结果。正如朱利安尼和布莱顿的冲突所显示的那样（见下文案例研究），这种情况也可能会导致双方为了维护自尊而不顾一切地争斗。争夺曝光率和公共形象可能是双方利益频繁发生冲撞的一个领域。政客由选举产生，即便在媒体和公众当中声名狼藉，仍不失为达到目标的方法之一。当某个局长或者高级公务员登上报纸头条（正面曝光），其政客上司就会感觉受到冒犯并且心怀嫉妒。

**案例研究：纽约警察局**[1]

市长鲁迪·朱利安尼1994年委任比尔·布莱顿为纽约警察局局长，两年后将其赶下台。据称两人个性都很强，矛盾不断，朱利安尼对于布莱顿的名人效应颇为不满。之前市长亲自管理执法部门，布莱顿是他一手提拔的警察局局长。这期间犯罪率大幅度下滑，两人都成了明星。但是布莱顿不满足于坚定不移地效忠市长，他喜欢抛头露面，和名流就餐，还于1996年登上《时代》杂志封面。他还试图亲自组织庆祝警察局成立150年的大型游行活动，借以突出自己，结果遭到朱利安尼市长的否决。功成名就后仅仅两年，布莱顿局长离职。

• 如果双方都很弱势，他们的关系有可能良好但是政策会缺乏活力，必要的变化不会发生。

---

〔1〕 理查德·佩雷兹－佩纳（Richard Pérez－Pena）：《朱利安尼讨好前伙伴与对手》，www.nytimes.com/2007/03/09/us/politics/09rudy.html（上次访问时间2010年10月26日）。

从这个分析框架可以得出什么结论呢？四个因素会影响到权力关系：大环境，主要领导者的个人素质，他们的目标和合作方式，环境所带来的压力是决定因素。在动荡、困难和变革时期，政策必须得到评估，改革势在必行时，紧张关系便产生。领导者的个人素质，性格上的优缺点，合作能力，以及维护总体利益先于个人目标的能力，这些因素都非常重要。合作方法需与各方的个性特征相配合，如果一方强势，专制的方法就可行；如果双方都很强势并愿意参与合作，那么合作关系就会产生好的结果。

理想的合作条件是：政治和行动双方的职责得以明确界定并被接受，政客和警察局局长形成健康、忠诚的关系，双方的职责包括就需要实现的目标和提供的资源以及信息的顺畅流通达成一致。

## 4.3 领导

在讨论领导权之前，有必要先行探讨结构和权力问题，以便了解领导的权力不可不被限制在某些边界之内，这些边界是由结构、其他参与者、可获得的资源等所设定的（这里罗列的只是其中一小部分限制）。一个优秀的领导者知道如何在这种“丛林”中生存，而不合时宜的人就会不断地遭遇限制，无可作为，并将遭到淘汰。

一个组织内部每一个成员都知道有好的领导也有坏的领导，问题在于如何区分他们。下面的部分会尝试简明扼要地为一些问题提供答案：首先是确定领导的任务和角色，然后介绍优秀领导所具备的特点。在做出结论之前，需分析一些范例来说明领导的作为如何决定成败。

### 4.3.1 管理者与领导者[1]

首先要区分管理者和领导者。一些作家，如汤姆·彼得斯，曾经勾勒出竭尽全力管理组织的沉闷的管理者们与活跃的领导者们之间的差别，后者以远见、热情和魅力转化其追随者。在这里我们无须争论这个问题，因为一名主管所展示的素质，取决于他运用不同方法处理不同情况的能力。主管有时候需要进行管理，有时候需要带头引领。因此，这部分会不加区分地交替使用管理者和领导者这个词。

---

〔1〕 汤姆·彼得斯（Tom Peters）：《追求卓越》，伦敦潘恩出版社 1989 年版；汤姆·彼得斯、南希·奥斯汀（Nancy Austin）：《追求卓越的激情》，纽约华纳出版公司 1985 年版。亚伯拉罕·扎勒兹尼克（Abraham Zaleznik）：《经理和领导：有差异吗？》，载《哈佛商业评论》2004 年 1 月，第 74 页。

### 4.3.2 任务与角色

闵兹伯格[1]（Mintzberg）明确区分了管理者的任务和角色。以此为基础，可以更容易地列出每一个领导者所需完成的任务，以及最适合个人素质和技能的角色。每个管理者完成（应该完成）五项基本任务：分析和设定目标；组织；激励和沟通；控制；评估和反馈。此外，管理者还要培训员工以及进行自我发展。闵兹伯格将领导者的角色分为三类：

- 人际沟通的角色：领导者作为一个组织名义上的首脑，建立并维护与潜在的重要合作者之间的联系。
- 信息交流的角色：领导者收集和传递信息。
- 领导的角色：领导者作为创业者，制定和实现远景目标，充当灭火员去解决问题和危机，作为资源分配者去仲裁矛盾和冲突。

这些区分强调了一个不常被认可的事实，那就是：没有人能够具备能够完美履行这些职责的一切素质。因此，在选择领导人时，必须考虑对他的贡献期待。另外，成功的领导者了解自身的优点和缺点，并想方设法通过任用具有自己所缺乏的技能的人来弥补缺点。建立一个团队的艺术，就是指将能够囊括上述全部角色的不同特质结合起来。

### 4.3.3 一些对领导者来说关键的问题

领导者必须意识到自己的权力并非是绝对的。考虑到内部和外部因素对权力制约的程度，领导者需要确定和评估这些因素。此外，领导者必须认识到其自身权威更多地取决于可信度而非合法性。因此，领导者应该努力通过积累成功经验、增强专业技能及扩大关系网络来增加自己的可信度。

领导者必须承认，自己在组织级别中的地位越高，就越难以直接实施领导，而需要通过他人履行领导职责。因此，领导必须做好准备，了解如何授权他人。承担新的职责需要从新的角度来看待问题，德鲁克提出："管理失败的最常见原因是没有能力或者不愿意顺应新职位的需求做出改变。那些固守陈规的管理者几乎注定会失败。"[2]因此，想要成功进入一个新的职位，就意味着

---

〔1〕 亨利·闵兹伯格（Henry Mintzberg）：《管理》，载《Editions d´Organisation》（巴黎）2003 年版，第 32 – 41 页，译自亨利·明兹伯格：《明兹伯格论管理：在我们奇怪的组织世界中》，纽约自由出版社 1989 年版。

〔2〕 彼得·德鲁克（Peter Drucker）：《卓有成效的管理者》，伦敦潘恩出版社 1970 年版，第 59 – 61 页。

要能够对工作进行思考、确定工作要求，然后实事求是地分析个人技能和素质是否满足这些要求。在此背景下，需要处理领导贡献这一概念。领导还必须回答一个关键问题：有什么是我能做而别人做不了的？如果我做得好，能否给组织带来真正的影响？领导的贡献可以这样理解：只有他个人可以提供的关键活动，如果不是由他完成，该活动则无法完成，或者完成得不好。

**案例研究：贡献**

这是本书其中一位作者的类似经历，他在没有任何警务经验的情况下掌管了1000名警官。在接受这项工作前，他评估了自己如何能在新的岗位上取得成功。为此，他明确认识到自己能够和愿意提供的东西：在一家知名企业总经理位置上获得的管理经验，在军队中学到的操作和指挥技能（他曾经掌管一个步兵团），加上他的政治科学和经济学背景。每一项内容都可以使他确定需要关注的三个核心领域：组织管理，行动流程，队伍的现代化。因此他集中力量进行远景规划，将其转化为策略或者行动计划（以新的信息沟通政策作为支撑），以达成这些目标。

领导的贡献必须始终和三个主要领域相关：达到目标，体现目标，沟通以及不断重新确认组织价值。此外，还要培养员工技能，尤其是他的领导对象。在组织内部晋升是成功的关键要素。从警察晋升来看，如果不能明确地预期则会导致失败。常见的情况有：一名警官的晋升主要依据其工作表现或者其资历，而对于新近提拔警官的培训往往比较缺乏。

**案例研究：授权的需要**

要成为瑞士军队的一名上校，就必须进行升级课程的学习，学习重点并非处理公司管理的行政问题，而是战略和技术问题。当新提拔的长官掌管一个单位时，在这方面经常会遇到困难。然而，本书其中一位作者的经历使他能够确定自己的预期贡献，并明确工作核心以及授权的内容。如此获取的经验对他之后的军旅和职业生涯都很有裨益。

回到警务部门内部，如果不考虑人员的个人素质以及新的责任要求他们掌握的技能而进行提拔的话，这样的错误会激发严重的问题。例如，一名优秀的毒品调查员被提拔为禁毒组组长。在新的职位上，他将需要展现非以往工作所必需的管理素质。如果新的管理者只是按部就班按照以前的方法做事，而罔顾新职责新任务的话，就可能会导致失败。那么他就会因为不能充分履行小组组长的职责而干扰小组其他成员的工作，使大家产生愤怒或者挫折感，彼此之间的关系很快就会变得紧张。可以将上述经验总结为三点：第一，在某一水平上完成工作的质量并不意味着其一定有能力沿管理阶梯向上攀爬。第二，遴选和提拔系统必须考虑需填充的职位的基本情况，并依此评估候选人。第三，通过充分的培训为未来的领导者履行职责做好准备。

由此可见，我们需要了解：成功履职所需的各项素质和技能的混合是根据任务内容和完成水平而变化的。技能可以分为三类：技术技能、人际技能、概念技能。根据个体在组织中的位置，这些配套技能的相关重要性就会发生改变。图4.1展示了一名警官的职业发展路径，相对于不同责任水平的不同素质需求。

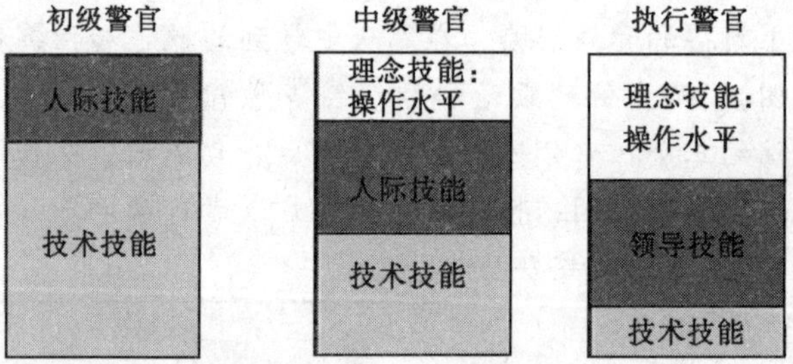


图4.1　相对于不同责任水平的不同素质需求

优秀的领导者应当做些什么？

德鲁克[1]提出，一名优秀的领导者要回答“必须做什么”的问题，然后相应地设置优先顺序。我们还发现，优秀领导者的一个重要标志是设法组建一个团队，整合具备不同技能的人员。在第一次海湾战争中指挥联合军队的施瓦茨科夫将军[2]声称，一名优秀的领导者必须做到以下几个方面：

- 纠正错误，而不是修改正确的东西；
- 确立清晰的目标；
- 制定高标准；
- 让大家各司其职；
- 允许犯错；
- 一旦被放在指挥的位置上，有能力担负责任；
- 做对的事，做道德上正确的事。

---

〔1〕 彼得·德鲁克（Peter Drucker）：《卓有成效的管理者》，伦敦潘恩出版社1970年版，第1章，第1-25页。

〔2〕 施瓦茨科夫将军是在1992年3月在瑞士维特图尔的会议上阐述这些原则的。

## 4.3.4 缘何成功或失败

私人公司的经验显示，下列因素极大地影响了项目的成败（表4.3）。

表4.3 影响项目成功的因素

| 成功的因素 | 失败的因素 |
|---|---|
| 分析问题的严谨度 | 从不质疑传统原则 |
| 使用方法的灵活度 | 不同的情况使用相同的方法 |
| 对于原则的坚持度 | 缺乏关注或审视细节的能力 |
| 远景的规划 | 缺乏方向感 |
| 行动的能力 | 缺乏迅速处理事务的能力 |
| 表达远景规划的能力 | 沟通不畅 |
| 自我评价的能力 | 缺乏察觉劣势的能力 |
| 谦虚的态度 | 傲慢的态度 |
| 坚持不懈的精神 | 继续保留低效员工 |

## 4.3.5 信息，决定和领导风格

上文曾展示，成功的一个关键要素就是掌握新情况的特性而后能够加以适应。这个适应过程可能涉及目的（适应的目标）、方法（适应的方式）或者手段（适应的资源）。领导风格是与组织环境和全体人员相关联的另一个关键要素。在决策过程机制之外，领导的个性也会在很大程度上影响其领导风格。例如，他对于风险的态度是什么？他的自信程度以及对他人的信任程度如何？这些需要解决的问题也应该被考虑在内。本节下面的部分将会探讨领导风格的两个重要因素。

**领导者如何处理信息和选项**〔1〕

领导者在处理决策过程的两个重要因素即信息和选项时，方式会有差异。这两个维度混合形成四种不同风格的基础。绘制如下两个表格（表4.4和表4.5），有助于我们在此背景下考察领导风格。

〔1〕 肯尼斯·R. 布鲁素，迈克尔·J. 德来弗，盖瑞·胡里汉及理卡德·拉森（Kenneth R. Brousseau，Michael J. Driver，Gary Hourihan，Rickard Larsson）：《有经验的管理者的决策》，载《哈佛商业评论》2006年2月。

表 4.4　决策过程与信息

| | |
|---|---|
| 必要的 | 是指当信息充足时制定决策 |
| 最大限度的 | 是指领导者在决策前尽力获取所有信息 |
| 单一的 | 是指领导者独立决策 |
| 多样的 | 是指领导者在决策前寻求建议 |

表 4.5　决策过程与领导风格

| | |
|---|---|
| 果断的 | 以速度、效率和决策的连贯性为重点。实施过程严格遵循已制定的决策 |
| 灵活的 | 以决定的速度为重点，实施过程比较灵活 |
| 递阶式的 | 分析大量数据，咨询专家 |
| 综合的 | 勾勒解决方案的框架，评估不同选项 |

决策风格取决于领导者的职位，而当他远离现场时，决策风格转而取决于下属所提供的信息。因此，高层领导者主要应用上述表 4.5 中概括的灵活、综合的风格。该方法的另一种描述参见表 4.6。

表 4.6　领导风格

| | 必要信息 | 最全面的信息 |
|---|---|---|
| 着重于一个选项 | 果断的 | 递阶式的 |
| 考虑多个选项 | 灵活的 | 综合的 |

**领导风格**

布莱克和莫顿管理网格表〔1〕

布莱克和莫顿管理网格表在区分决策风格方面做出了重大贡献，这种区分是基于领导者所确立的重点。两位作者开发了一个矩阵图，将人际维度（对于人的关注）与结果维度（目标的实现）全部囊括在内。从该网格表可以推导出五种不同的领导风格（表4.7）。

**表4.7 布莱克和莫顿网格表**

| | | 对结果的考量 | |
|---|---|---|---|
| | | 低 | 高 |
| 对人的考量 | 高 | 乡村俱乐部型管理 | 团队型管理 |
| | | 平衡管理 | |
| | 低 | 贫乏型管理 | 独裁型管理 |

当所采取的风格与所处境况及人员状况不相符时，就会产生问题。危机管理和计划管理不同。科学家和士兵的管理不同；大学教授和生产线工人的管理不同；探员和制服警察的管理不同；老手和新兵的管理不同。

**情境领导理论，赫赛与布兰查德（Hersey and Blanchard）**〔2〕

之前曾经观察到，如果不能根据情况的变化更改方法的话，就会导致失

〔1〕 罗伯特·布雷克、让·S. 莫顿（Robert Blake and Jan S. Mouton）：《新型管理网格：增强组织生产力和个人有效性的新思路，以及对管理风格如何影响身心健康的深入考察》，休斯敦海湾出版社1978年版。

〔2〕 保罗·赫赛、肯尼斯·H. 布兰查特（Paul Herse and Kenneeth H. Blanchard）：《组织行为的管理》，新泽西州安格伍德克里夫斯，培生教育出版集团1977年版。

败。领导风格也是如此，不仅在决策过程中如此，而且在员工待遇上也是一样。虽然布莱克和莫顿的网格理论非常有说服力，但因其仅仅考虑和领导者相关的两个方面而显得过于缺乏变化。其缺陷在于没有考虑被领导的个体或者群体的特点，这些人的基本状况不可以被忽视。同样不可以被忽视的还有领导方式应用环境的性质，以及领导者的个性。这就是为什么赫赛和布兰查德所开展的进一步研究为我们提供了一个很有趣的角度。赫赛和布兰查德提出的情境管理理论提供了一种工具，可将管理风格和某种情境以及所涉及的人员匹配起来。该理论不仅考虑到管理的四种不同风格，还有四个层次的成熟度。一个合作者成熟与否取决于他的能力和动机。

赫赛和布兰查德确定了与个体相关的不同因素，这些因素在选择领导风格时需要被考虑在内。这些标准包含：控制程度；支持和动机程度；建立在能力和动机上的个人发展程度。以此为基础，他们确定了人员的四种概貌：

- M1：无能力，不愿意或没有安全感。
- M2：无能力，但是愿意并有自信心。
- M3：有能力，但是不愿意或没有安全感。
- M4：有能力，愿意并有自信心。

他们以领导者为重心，以布莱克和莫顿确立的两个维度（关系和结果）为基础，归纳出以下四种领导类型（表4.8）。

**表4.8　情境管理**

| | | 任务行为 | |
|---|---|---|---|
| | | 高引导 | 低引导 |
| 关系行为 | 支持的 | S3<br>参与型<br>领导者分享观点并推动决策。重点主要在关系 | S2<br>推销型<br>领导者解释决策并提供说明的机会。重点既在结果也在关系 |
| | 不支持的 | S4<br>授权型<br>领导者将决策和实施的责任下放。重点既非关系也非结果 | S1<br>告知型<br>领导者提供具体的指示，并密切监督工作。重点在结果而非关系 |

赫赛和布兰查德最后总结道：一个优秀的领导者能够使其个人管理风格与合作者的成熟度相适应。

表 4.9 领导者与人员关系网格表

| | |
|---|---|
| S1/M1 | 领导者向跟随者明确说明要求：什么事情，怎样去做，什么时候做，什么地方做。交流过程为单向 |
| S2/M2 | 领导者解释并提供说明的机会；建立双向沟通流程 |
| S3/M3 | 领导者通过双向沟通分享决策 |
| S4/M4 | 领导者对任务进行授权并予以监督 |

表 4.9 可以帮助领导者确定如何处理与人员之间的关系。该网格表还有助于理解个体的成熟水平并不是一成不变的。当新的职位被填充或者新的任务被分配时，该个体就必须适应新的挑战。因此，他就可以从第四级移至第三级。此时他的上司也必须相应地转变领导风格。

在组织层次上，这个网格表提供了一些重要信息。例如，如何调整领导风格以充分支持政策。举例说明，如果警务部门想要成功地实施社区警务的理念，就必须给予警察充分的权力。他们是直接与居民进行接触的人，需要直接解决各种问题和事务。因此，应该使用风格 S3 和 S4。这对于警察的组织、培训和管理系统来说，都会产生重要的结果。

## 4.4 总结及要点

- 为达到目标，在组织内部行使权力是必要的。
- 一个组织不会永远受理性驱动；其成员的个人目标和利益可能会与组织的目标和利益恰好相反，从而造成低效和冲突。因此，必须行使权力，以避免个人利益凌驾于组织目标之上。
- 有五种权力类型：奖励权、胁迫权、法定权、专业权，以及感召力。
- 影响组织的既有外部权力也有内部权力。
- 领导者必须了解权力是如何分配的，并且努力增强其自身权力；最有效的方式是增强他人对自己的依赖性。
- 掌权者之间存在冲突乃正常现象。最常见的冲突发生在政治权威与行动指挥之间（由于目标差异或者自尊受损）；总部与下属分支机构的分歧也会频繁导致双方关系紧张。
- 优秀的领导者知道如何明确并专注于自身发挥的作用；他们也知道如何

招揽一群能够弥补自己缺陷的人；他们还知道如何调整自己的管理风格以适应不同情境和人员。

- 情境管理理论为领导者依据下属的成熟度进行灵活管理提供了一件富有吸引力的工具。
- 情境管理在调整领导风格以适应新的政策方面也颇有帮助。

# 5 行动中的指挥

## 宗 旨

第四章概括性地论述了权力与领导。本章重点谈论操作中的指挥：首先是指挥与管理的不同；其次为警察组织与军事部门内部相比所具有的特殊性；最后是人员的作用，通过通报会进行指挥的节奏，以及负责情报的参谋官发挥的独特作用。

本章多次涉及军事领域；这是因为军事模式常常被大多数警察部门经过调整后用于执行包括第三章所描述的结构部署在内的操作活动。

## 5.1 指挥

### 5.1.1 定义

在给指挥下定义时，本书必须提及马丁·凡·克里维尔德（Martin Van Creveld）[1]。尽管他是在军事环境下探讨指挥问题的，但是他的见解同样适用于警务环境，有助于阐明管理与指挥的关系。马丁·凡·克里维尔德曾写道："指挥可以定义为一种几乎需要不断训练的职能，如果军队要生存和运作的话……指挥的责任……一般分为两部分。首先，指挥必须安排和协调军队生存所需的一切——食品供给、卫生服务、军事司法体系等。其次，指挥使军队能够执行适当的任务……例如，情报的收集和操作活动的计划属于指挥的这一部分。"马丁·凡·克里维尔德在其文章的稍后部分指出："另外有一种同样有益地看待指挥的方式：不是问指挥的责任是什么，而是问他做些什么……首先是

[1] 马丁·凡·克里维尔德（Martin Van Creveld）：《战争中的指挥》，马萨诸塞州剑桥市，哈佛大学出版社 1985 年版。

情报的收集……必须制定目标和实现目标的替代方案。决定必须做出；必须进行详细的规划。必须起草和传达命令……必须以反馈体系为手段对命令的执行进行监控，并以反馈体系为起点重复这一过程。”

### 5.1.2　军事与警务环境中指挥的差异

引用本段不仅是因为它让人联想到第二章中所描述的理性决策过程，还因为它在强调军事与警务的某些差别时，使人观察到指挥与管理的不同。马丁·凡·克里维尔德没有说到管理，但是，他所称的管理责任的“第一部分”也可以理解为军队要做好完成操作任务的准备工作所必需的管理活动。

管理可以定义为“管理一个组织、管理者、员工和工作”[1]。德鲁克（Drucker）也给出了他的定义：“确定组织的目标和任务，有效地执行任务，管理社会影响与社会责任。”由于它是发挥这一作用的条件之一，后一个定义中的指挥被充分整合到管理功能当中。然而（这是军事与警察活动的关键区别），军事操作活动中的准备与执行的分离在警察任务当中是不存在的。前者的活动是不间断的，而后者则一般有时间上的限制（即使跨越很长的时间段）。打击犯罪、维护秩序与安全是固定的活动；发动战争会有结束的一刻，无论是完全的胜利还是停战，或是撤退。军队随后会回到和平活动中去，回到准备阶段。而警察部门总是会根据要求同时执行管理和操作活动。指挥将成为其他活动的一部分，但仍将被充分整合于现有的管理过程。在军事活动时期，一切都将服从于指挥的要求，所有努力都将集中于既定目标的实现上；在警务活动中，自然也会有目标，但是问题的多样化与差异总是会阻碍警察获得显著的胜利。战术和操作上的成功将会实现，但绝对的胜利仍然是不可能的。这种情况也说明了为什么指挥者在给人的印象上存在差异。和平时期的军队指挥官和总司令在战争期间可能需要替换，因为两种情况所需要的才能是不同的。一名警察局局长首先必须是一个优秀的管理者；他必须顺理成章地努力让行动人才围绕在自己身边，但他承担的主要责任将关系到警察力量的有效运作，他将很少会——至少在大规模的警察队伍中——行使直接的操作命令。表5.1凸显了军事与警察的某些主要差异。

---

〔1〕彼得·德鲁克（Peter Drucker）：《管理、任务、职责与实践》，日内瓦德玛斯出版社1974年版，第1页和第39页。

表5.1 军事与警察活动的区别

| 方面 | 军事 | 警察 |
| --- | --- | --- |
| 面临的问题类型 | 筹备：成立有效组织，做好战争准备<br>运作：为实现政治家们制定的目标 | 提高组织、方法和资源利用的效率，以便处理好各种各样的问题 |
| 问题的性质 | 一般具有时限性[1] | 反复不断的 |
| 对手 | 一般容易确认 | 形形色色而且通常是伪装的 |
| 重点 | 可能在于每个层面上：战略、操作和战术的 | 对于受时间限制的行动，有可能在操作和战术层面上。在战略层面上，目标与政策和变化管理之间的关系大于与操作活动之间的关系 |
| 部署的形式 | 大规模的、有组织的阵形 | 常规的做法是个别警察或小型单位的干预；大规模的部署——一般是临时安排的——属于例外情况 |

因此，“指挥”一词在警务语境中将仅用于操作活动；“管理”一词将用于一个组织的一般活动。军事指挥涉及关系到军事准备与操作的所有活动。

### 5.1.3 与行动指挥有关的问题

一次行动的执行，即使计划得十分完美，也总是会出现某些事先未考虑到的意外或状况。对于在适当层次或数量的基础上作出决定的能力而言，先前强调的信息管理是尤为关键的要素。后备力量（见第二章的战术与部署部分）的存在同样至关重要，因为它使行动总主管能保持调遣的自由。一个更深层次的问题必须由行动主管来处理：留给他的属下多大的自主权。主管的属下必须理解他的行动计划，以便服从他的职责，而不必等待命令（只要基本的操作理念得到尊重）。

面临的问题的时间紧迫性应该由指挥方式反映出来。在行动的计划阶段，强烈建议指挥官运用参与式的方式。在实施阶段，指挥方式将会变得更直接。

---

〔1〕 尽管现代的冲突呈现出新的形式，但是他们或多或少在清晰的时间段内发生，可以通过开端和以停战或和平协议为标志的结尾加以确认。

### 5.1.4 决策的层次

正如第一章所描述的那样，决策的不同层次应该按照相关情况的重要性来考虑。在这里，益于考虑谁是警方的利益相关者，因为他们可能会因具体情况而不同。同样的，重点应该围绕当前的核心任务，而不是组织上的细节。表5.2总结了这些措施：

表5.2 当前的核心任务

| 案情类型 | 涉及的参与者 | 任务 |
| --- | --- | --- |
| 通常：警察或巡逻队可以处理案情 | 警察/巡逻队 | 行动（拯救，安保，保护证据）；组织（必要时在现场给人员分配任务）；通报 |
| 特殊：警察和巡逻队没有所需的资源处理案情 | 指挥中心 | 派遣增援队伍<br>搜索补充情报<br>就措施提出建议<br>通报上级 |
| | 执勤官 | 检查采取的措施<br>必要时采取补充措施<br>必要时去现场接管案件 |
| 危机：案情发生的规模需要大量资源；可能需要若干个利益相关方的合作；干预期长 | 特殊危机管理队伍 | 接管案件 |

## 5.2 对指挥的组织

### 5.2.1 指挥链

指挥链是一个组织内部权力、通信和责任的正规链条；它确保了工作与责任的清晰分配。

## 5.2.2 指挥与一线

前一章已经介绍了闵兹伯格（Mintzberg）提出的不同决策层次。这些层次可以在指挥的组织过程中予以复制（表 5.3）。警察部门的一线要素是着装巡逻、刑事调查以及交通。

**个案研究：2003 年 G8 会议期间瑞士与法国的指挥系统**

2003 年，G8 会议在法国的依云镇召开。与会人员乘坐的飞机在日内瓦降落，然后乘车前往洛桑。大部分人员在那里下榻，随后乘船到依云镇参加会议。示威活动在洛桑和日内瓦而不是法国举行。为了确保峰会的安全，两国建立了密切的合作关系。两国之间政治和组织上的差异在其相应的指挥链中反映了出来。

法方所有的安保部队都向直接对总统负责的警察总监（Préfet）汇报。这赋予他重大的决策权，他可以非常快速地作出反应。瑞士方面为了尊重包括三个行政区和联邦政府在内的不同辖区建立了复杂的体系——政治和操作上的，因此决策过程远比法国长，而且更加复杂。

表 5.3 指挥的组织

| 层面 | 组织 | 指挥 |
|---|---|---|
| 指导 | 主管 | 精心规划愿景、确定首要任务和目标；分配资源 |
| 管理 | 高级官员 | 制订操作计划<br>也可能被委以领导大规模行动的任务 |
| | 中级管理人员 | 负责实施行动计划<br>在其负责的区域内制订目标和行动计划 |
| | 警长 | 领导与监督 |
| 人力 | 警察 | 执行计划 |
| 辅助人员与分析师 | 平民 | 辅助与支持行动 |

## 5.2.3 一线参谋团队

随着组织的成长，他们的功能也变得越来越专业化。一线机构中增加了参谋人员的成分。参谋人员为一线单位提供专业建议（科学、法律以及组织上的）；他们将完成特定的任务（分析、通信等）；他们的工作将有助于在影响整个组织的活动中实现部门范围内的一致性。

在大型活动的管理中，人们会发现一线人员与参谋人员并存的同一现象。参谋人员将对以下任务负责：

- 协助主管做好决策制定的准备工作；任务划分得非常清晰：主管作出决定，参谋人员提供要素协助其决策。决策一旦制定，他们要促成决策的执行。参谋人员也会致力于确认可能出现的新风险，并提出与提供给主管的建议措施相关的选项。
- 促成任务的执行。
- 辅助对已部署力量的协调工作。
- 对发出的命令的执行情况进行监管，并提供意见反馈。
- 确认情况可能的发展走向，准备防范措施。

以下是有助于参谋人员的辅助工作取得成功的关键因素：

- 设计和绘制出了一个组织结构图。
- 为每一位工作人员准备了岗位责任说明。
- 制定了使决策过程正规化的办法，并将办法进行了宣传。
- 程序规定了工作应该如何实施（例如，轮班的组织）。
- 信息以及时的方式有效传播。
- 工作条件充分（如房间和材料）。

### 5.2.4 与参谋工作相关的时机把握上的考虑

必须同时处理三个不同的时间维度：为了理解和确认某一事件的根本起因，就必须对过去进行分析；必须对随后采取的措施进行监控和评估；必须考虑未来的发展走向，包括评估可能的后果和风险。

**参谋团队人员的构成**

第三章中指出的结构为把握不同情况提供了基础。但是，人员的构成将需要考虑每一种不同情况的特殊性。因此，以下概括的职位将需要完善和改进：

- 行动主管作出决定，并与相关的政治当局或其他利益相关方产生互动。
- 副主管可以协调全体人员的工作。
- 秘书准备会议、做会议记录。
- 着制服的警察、刑事警察和特殊单位应对战术问题。
- 情报官按照章节 5.3 所描述的任务（概要）行动。
- 专业辅助人员承担运输、通信、装备、财务和住宿的责任。

• 媒体专员掌握外部的通信。

• 根据情况也许需要其他专业人员（如法律顾问、心理学家等）。

在这个组织内部，可能会设立临时的小型机构处理特殊问题。主管也许会决定给一些参谋人员分配任务，让他们准备一套有关如何处理某个具体问题的建议。必要时可以让外部人员参与进来。

### 5.2.5 期望参谋人员应具备的资质[1]

参谋人员个体必须具备完成其特定任务的必要技能。作为一个组织的成员，他们必须具有团队合作精神，遵守纪律，有能够辅助行动主管进行决策的分析头脑（包括理解主管意图的能力）。

**个案研究："二战"期间丘吉尔的组织**

丘吉尔在致力于英国的战争指导工作期间，面临的问题众多而复杂；丘吉尔建立了一套应付这些问题的令人赞叹的机制。它的主要特征有：

• 结构：战时内阁是英国主要的政策制定机构，由参谋长和8个平民成员定期参加；它下设了约400个委员会和分委会。

• 情报：国防登记处记录下战地指挥官传进来的每一个信号；它为在唐宁街与服务行业之间展开出色的情报交流提供了基础。

• 协调：除周六以外，参谋长们每天10：30会面，他们每周一晚上参加战时内阁会议。伊斯梅少将受命保障与后勤主管联络通畅无阻。

• 工作方法：工作人员的纪律要求高；在会议召后的1－2小时内，甚至在午夜以后，会议记录被打印出来并被传阅；私人秘书白天和夜晚大部分时间都在轮班工作。

丘吉尔还意识到了自己的弱点，并制定规则加以克制。他在评判人和计划时冲动而且过激，喜欢说出可能会让他的谈话对手感到困惑的许多新想法（不管是否切合实际）。与他关系密切的人都知道，他经常只是把说话当成帮助自己构思的一种手段。为了减少啰唆造成的影响，他立下一条规矩，即他所说的一切都不能作为行动的基础，除非后来以书面形式得到确认。英国的战事指导机构最显著的特征是，它比任何一个国家都井然有序，包括德国以及后来的美国。

---

〔1〕 马克思·哈斯丁（Max Hasting）：《1940－1945，军事领袖丘吉尔的最佳年代》，伦敦哈珀出版社2009年版，第140页。

## 5.3 情况通报会

决策过程是参谋工作成功的首要因素。第二章从一般意义上对该过程进行了分析；接下来的部分将讨论参谋人员是如何运用理性模式的。应当再次强调：本书介绍的是理想中的模式，它可能会受到现实条件的制约。同时，这种方法为参谋工作和解决操作问题提供了合理的基础。就详细的程序问题而言，会议和简报提供了组织框架，措施在此框架内确定、实施、监控和评估。尽管有不同的变化形式以及重要参谋成员的不同作用，会议和简报代表着某种具有特定节奏的过程。军事模式是这些变化发展的基础，为了适应自身的需要和获得显著效率，警务部门对其进行了改进。

“实施的节奏”是参谋人员处理问题的逻辑顺序。在这一过程中出现的新变化虽然要用同样的方法处理，但是需要将这些变化与正在做出的评估和决定结合起来。任务、选择和新的变化应该用下列方式进行评估：

第一阶段，当接到任务或有问题需要处理时，参谋人员（或行动总主管）应采取若干项即时措施，以赢得深入估计形势的时间：

- 分析任务、形势或事件。
- 决定要采取的紧急措施（发出警报，动员，组织，通知，搜寻信息）。
- 确定时间框架。
- 思考组织问题（例如，设立特别行动小组）。

第二阶段，是仔细预估形势，随后提出可能的选项，并在此基础上形成和确定指令。

第三阶段，将指令传播出去。

最后，对措施的执行加以监控（包括在必要时做出矫正性调整），并评估结果。

在整个过程中，为了准备防范措施，对潜在的变化及其后果进行观察。

### 5.3.1 情况通报会的类型

从理论上说，有三种类型的情况通报会，每一种对应前文所描述的三个阶段之一（对措施过程的监控应该始终成为会议议程的一部分）。然而，在实践中，由于时间紧迫、情报缺乏，以及不同事件同时发生，对情况通报会的严格划分是罕见的。因此，模式中看似分散的阶段需要省略或合并。不过，即使在“理论”层面上描述参谋会议应如何组织，仍然是有益的。

- 形势通报会与第一阶段相对应，它针对的是指出的问题，包括表 5.4 中概括的要点。

• 评估通报会对应第二阶段，可以有两类情况构成会议的重点。

• 事件的开始：例如，当对未来某一事件的安保措施正在进行规划时，在第一次会议召开之际，就已完成对问题的确认，而第二次会议将继续对形势做出评估（见第四章）。

• 行动的执行：会议的目的是评估进展，确认可能发生的变故，准备可能采取的措施。这一类会议可以遵循表 5.5 中显示的议程。

• 行动命令通报会对应第三阶段（表 5.6）。

表 5.4　形势通报会

| 什么 | 谁 | 备注 |
|---|---|---|
| 会议目的 | 行动主管 | |
| 形势 | 情报官 | |
| 对任务、形势或事件的初次分析 | 行动主管 | |
| 紧急措施 | 参谋人员 | 关键措施之一包括确定所需的情报 |
| 时间框架 | 行动主管 | 以倒计时的方式确定行动日历 |
| 组织措施 | 行动主管 | |
| 提问 | | |
| 综合 | 行动主管 | |
| 下一次会议和具体的截止期限 | 行动主管 | |

表 5.5　行动实施会议议程

| 什么 | 谁 | 备注 |
|---|---|---|
| 会议目的 | 行动主管 | |
| 形势 | 情报官 | |
| 不同部门的形势分析 | 行动主管和专家 | 对先前下令采取的措施进行监控和评估 |
| 可能发生的变故 | 部门专家 | 确认可能的变化和潜在的后果(包括可能性) |
| 措施<br>紧急措施<br>其他 | 参谋人员 | 关键措施之一包括确定所需的情报 |
| 时间框架 | 行动主管 | 以倒计时的方式确定行动日历 |
| 组织措施 | 行动主管 | |
| 提问 | 参谋人员 | |
| 综合 | 行动主管 | |
| 下一次会议和具体的截止期限 | 行动主管 | |

表 5.6　行动命令通报会议程

| 什么 | 谁 | 备注 |
|---|---|---|
| 会议目的 | 行动主管 | |
| 形势 | 情报官 | |
| 任务 | 行动主管 | |
| 意图 | 行动主管 | 对完成任务需要使用的计划作出总结 |
| 执行 | 行动主管 | 向相关下属说明任务 |
| 行政管理与装备 | 特定的管理人员 | |
| 控制与通信 | 特定的管理人员 | |
| 地点 | 行动主管 | |
| 提问 | | |

续表

| 什么 | 谁 | 备注 |
|---|---|---|
| 综合 | 行动主管 | |
| 下一次会议和具体的截止期限 | 行动主管 | |

通报会的效率取决于不同的因素：

- 会前准备（会议议程）。
- 会议条件（房间、材料）。
- 行动主管对会议的管理。
- 所提供的情报的质量。
- 参谋人员的贡献（他们提供什么以及如何提供）。
- 得出的结论的清晰度（什么、谁、何时）。

### 5.3.2 情报官

附录 3.2 概括了一个组织的情报单位主管的任务，可以做以下总结：

- 管理基层组织。
- 管理情报的收集（包括为此发布命令）。
- 分析和利用情报。
- 传播情报。

**个案研究：北约的任务分析介绍会（格式大纲）**

1. 介绍
   - 介绍会的目的
   - 概要

2. 形势回顾

   综述
   - 政治、军事、历史背景
   - 目前形势
   - 敌对力量的情况
   - 意图
   - 能力
   - 评估（可能行动的简要说明）

- 高级司令官的指挥与指导
- 任务
- 意图
- 目标成功的最终状态与判断标准
- 假设
- 限制因素
- 分配的指挥任务
- 暗示的指挥任务

3. 行动设计

关键因素和障碍（仅影响任务分析的）

关键的优势与劣势

- 敌对力量
- 我方力量
- 其他相关因素（必要的）
- 重心
- 战略上的
- 操作上的
- 成功的最终状态与判断标准

4. 建议执行的任务

5. 初步的力量估计
   - 可用于规划目的的力量
   - 对所需力量的估计

6. 对规划指导提出的建议
   - 提出的初步意向
   - 对规划人员的指导
   - 对下属指挥的指导

7. 总结

8. 批准或争取批准

9. 行动设计

10. 任务

11. 对计划指导提出的建议

作为行动参谋官，情报人员完成两类任务：管理情报单位和为支持决策过程向行动主管提供情报和分析。因此，他起着重要作用。

作为行动参谋机构的成员，根据不同的会议，情报官将面临若干项要求(表5.7)。

表5.7　对情报官的要求

| 什么 | 如何 |
| --- | --- |
| 就与其负责领域相关的紧急措施提出建议 | 收集有关敌手和地势的情报 |
| 对形势做简要介绍 | 自上次会议以来的一般形势和事态的发展<br>敌手：谁、多少、装备、在哪里、他们在做什么？组织上的资源（同上） |
| 准备对形势做出评估 | 地势：包括确认对方长处、短处以及潜在威胁的说明<br>天气<br>敌手的选择：他们能做什么、什么时候、如何、出于什么目的？<br>最大的威胁（计划阶段），最有可能发生的风险（执行阶段） |
| 准备指令 | 对情报收集的指导。就行动主管发布的行动命令的某些要点提出的建议（形势，保密规则） |
| 监控 | 监管发布的命令 |
| 管理持久的操作活动 | 情报收集，实情调查，情报评估，图像构建分析，建议，传播 |
| 对行动后续活动的管理 | 提供他所负责领域的、有益于评估行动过程与结果以及总结经验教训的情报 |

## 5.4 总结及要点

• 操作环境中的管理意味着指挥。警方一般都对实施操作活动的军事指挥模式进行了调整，活动涉及第三章中所描述的行动资源的部署。

• 根据不同报告构建决策制定过程，借此，决定在这些特定的操作结构内得以实施。

• 指挥链——行动期间正规的权力、通信和责任系统——确立了指挥、一线和参谋部门之间的关系；它必须简单清晰。

• 参谋人员向总指挥提供涉及特定活动领域的专业情报，促进力量部署的协调和管理工作。

• 同时处理三个时间层次：分析过去，以便理解问题的起因；分析现在，以便监控和纠正正在进行的活动；分析未来，为应对可能发生的形势演变准备好防范措施。

• 情报在每一个阶段都起着至关重要的作用，因此，情报官是参谋队伍中的关键成员。

# 6 培 训

## 宗 旨

多数警察机构实施教育和训练项目的能力都得到了广泛的拓展，本章将阐述一些普遍性的问题，并讨论某些与警察训练有关的含糊不清的内容。最重要的是，本章将针对如何围绕本书所介绍的决策框架设以最佳方式开展训练项目或者研讨会，提出建议。

## 6.1 培训概述

警察培训在过去的十年间得到了迅速发展。直到最近，经验还被看作是一种传递知识的独特方法。警察学校一直致力于使招收的新警接受入职的社会化训练。例如，学会服从纪律，学习法律程序、枪支的使用和格斗技术，以及接受体能训练，这些被视为核心的训练要素。当然也有一些引人注目的例外情况，如20世纪初的先行者设计的一些训练项目，在现代的训练背景下依然能够适用。然而，只有在最近时期，警务工作的错综复杂性以及来自警务领域以外的知识的价值才被普遍接受。

在不完全地排斥训练的社会化作用的同时，其他许多课程都在警察学校和“学院”的支持下得到了发展，大学也为警察提供了全日制或兼职的相应教育。这类项目为人们提供机会去思考相关理论方法的实践应用（如犯罪学或者法庭科学），他们同样也获益于基于实证研究的成果。

在设计警察培训项目的结构时，如何在理论与实践、一般与特殊、方法与技术之间找到合理的平衡，是一种持续性的挑战。同时，全书阐释的决策方法始终是适用的。如表2.39所示，它表明，具有不同特征的训练项目针对特定的参与者（如特别单位、领导者、调查人员或者危机管理组织）。但是，还有另一种观点，它也许更深刻地影响了培训活动的构思方法。实际上，长期以来人们都认为，决策是警务工作整体一致性的保障，也就是说，决策所提供的视角成为具有连贯性的训练框架的基础。

## 6.2 谁：受训者与教官

寻找教官和受训者之间最佳结合点是训练的核心要素。

### 6.2.1 受训者

警务人事部门的关注点涉及一些几乎独立于组织结构中个人职位以外的关键概念：训练范本和案例学习借鉴于犯罪调查、危机管理、情报和许多其他已在整个警察部门实施的活动，而且，所提出的方法能让使用者的整个职业生涯受益。事实上，理解决策的根本性难题和责任，能够帮助年轻警官围绕“真正的”能力和预期定位自己的职业生涯；高级警官也可以从此类资料中获益，这些资料是他们经验结构的构建基础；管理者也能得益于有关如何在组织环境中整合结构化决策过程的新知识。这种训练是一个把担任不同角色、使命和任务，具有不同背景和资历的人聚集一起的机会，它可以带来互育合作的局面，抑制不良亚文化的发展，并促成互信网络的建立。

然而，在集结一组受训者时，会遇到一些困难，需要找到某种平衡。参与者之间的直接等级关系可能会起到消极作用，尤其是当这些关系阻碍自由表达时，而这种表达对经验交流来说又是至关重要的。此外，如果受训者在自愿的基础上被选中，情况往往是有利的。一个组织的活力在相当大程度上依赖于每一个个体的积极性。

### 6.2.2 教官

开发一门培训课程要求思考教官与参训者的相对状况。两者的结合是取得成功学习效果的关键。警察学员一般会要求教官通过充分融入他们的特殊团队（即拥有可分享的经验的），展示出高度的公信力。不过，是选择以职业教官为特色的模式还是让警务从业人员深度参与，在这个问题上依然存在争议。简单地分析一下，专业训练者常常被认为具备教学专长，但却失去了与“现实世界”的联系（而且往往会带来高成本），而警务从业人员则被认为能讲述一系列令人印象深刻、更接近日常工作的故事，但只是一般性的趣闻轶事。这种解决方法还掩盖了纳入临时教官个人日常薪酬的训练成本。没有确定的解决方案，除非找到一种良好的平衡，并且根据明确的目标（例如，沟通技能、解决争议的能力、可信赖度等）确定合适的人选。

如果获得适当的认可，民间行家或者其他专家的介入也可以起到添砖加瓦的作用。然而，选择的优先与否应该根据专家个人传播专业知识的能力。为了给受训者提供机会讨论他们在实践中可能产生的构想，或者将这些观点与现有的理论作比较，把学者当教官也许是合适的做法。这一问题将在下文作进一步讨论。

## 6.3　哪里：训练活动的地点

训练活动在哪里进行非常重要——课堂的安静环境与日常实际工作的压力形成鲜明对比。但也有以下优势与不利：

• 不利方面：

——无论训练项目的质量如何，训练与实际工作之间的差异仍然是突出的。

——习惯于日常集中的室外活动的警察学员，也许并不习惯于讲座式的不活跃的课堂环境。

• 优势方面：

——学员们投入到一个完全不同的环境中，这种环境使他们与日常工作的压力隔绝开来。

组织几天课堂以外的研讨会，有利于创造一种氛围，从而增进学员与教官之间的关系，促进经验交流。这种方法可以扯平参与者之间的等级关系差别。但与此同时，所需成本也许会让组织者变得缩手缩脚。

## 6.4　什么：学习成果

对于将新的方法或知识框架概念化和一体化，一些警察学员可能很少抱有热情。对决策而言，这种情况尤其明显，因为在作出决策时，总体目标集中于修正态度和利用总体过程帮助参训者灵活处理他们在职业生涯中所面临的各种各样的问题。这种训练并不在于获得一系列强化实际操作活动的基本技能。设计项目时，应当强调理论（知识）与实践（专门技能）之间的平衡。任务的基本方面和困难不应隐藏在一种煽动性的、做减法的态度背后，这种态度是为了获得积极的评价而使复杂问题过度简单化。

在此背景下，我们或许可以通过认真仔细说明所期待的学习成果，预见与预期成果有关的问题。有几种模式因这个目的而存在；不过，这些模式都应该专注于参训者在接受项目的训练以后应该学到什么或者应该有能力做什么。

这些模式可以表述如下：

- 重建操作链条，描述每一个步骤的关键性原则。
- 为所推荐的不同方法提供参考来源。
- 列举与应用这些方法相关的困难、限制和困境。
- 根据个人经验说明不同方面。
- 应用各种方法。
- 检查参训者组织机构环境中的每一个步骤，包括如何为此目的调整一般过程。
- 拟出联结点，以保证整个培训活动具有某种程度的连贯性。
- 提倡在参训者所在的组织里，维护所学方法的应用。

## 6.5 如何：实施训练的一般建议

训练方式有赖于目标（学习成果），如可以选择将各种观点进行比较、鼓励根据个人经验构建概念、展示现有理论及其适用范围、通过操作活动提高学习效果，或者实施“试错”式的学习策略。一种训练方式是否好于另一种训练方式，并无明确的答案。但是，参与者带着他们自己的经验而来，这种经验并不能很快地被新的方法所取代。通过鲜活的真实案例建立起来的思维模式，对新鲜模式有很强的抵触情绪。在学习过程中，系统地考虑这一背景是一项基本原则。依照这种观点，当从警学员致力于某一训练项目时，寻求其积极地参与始终是更可取的方法。当活动类型多种多样时，课程一般也会更具活力。各类活动可以交替使用，如演讲、工作小组、智囊团、个人作业，或是全体会议上的经验交流。

### 6.5.1 理论对实践：永恒的话题

设计训练活动的主要问题之一，关系到需要一丝不苟地将概念和方法与技能整合为一体。决策并不是一种能盲目地应用的技术，而是要求深入理解概念，项目所介绍的工具的可行使用方法，是以这些概念为基础的。作为一项具有预见性的措施，这样提醒参训者或许是有益的：他们的日常实践活动几乎提供不了使其活动概念化的空间和时间，人们趋向于习惯性地和从情感上参与到他们的日常活动中，研讨班和课程是他们能够做到概念化的唯一场所。不过，无论这种说法多么有道理，也无论学习成果和目标如何表现，培训项目依然经常被参训学员评价为“过于理论化”。

尤其是，当有研究人员和学者参与时，对“理论”和“实践”这两种先天对立观点的曲解偶尔会被放大，并且会加剧受众对教学内容的排斥。这种反应的出现往往与授课内容的价值和授课质量无关，反倒主要是基于误解，偶尔也出于对智力要求过高的学术活动的厌恶。特定的解决办法是可以找到的。

**案例研究：一位与从警学员建立良性互动关系的大学教授**

来自某大学的一名犯罪学教授相信，某些类型的犯罪行为在减少。他所做的基于可信统计数据的科学研究十分清楚地显示出这种趋势，但是当这一信息传递给应对此类犯罪行为的执法者时，对方却并不接受。事实上，在演讲结束时，这名教授甚至偶尔还要面对被“吹口哨”的尴尬境地。此时，双方都认为他们自己的观点才是正确的。

结果，考虑到受众的看法，教授决定改变他的授课方式，他在展示自己的统计资料之前开始演讲，解释人类在遭遇到某种能激发特定情绪的现实时所怀有的偏见：生动、具体、个性化的信息比平淡乏味、抽象的信息对人的思维影响更大，而后者可能具有更高的证据价值。

如此一来，从警学员的活动得到认可和尊重，这有助于将注意力放在与犯罪行为的减少有关的客观数据上。教授因此在演讲结束时受到学员的鼓掌欢迎。

### 6.5.2 计划/进展

一个完整研讨会的计划能够通过详细确定中间步骤导向学习成果。教官可以综合运用警察学校制定的各种适用的框架和有针对性的辅助手段来展示内容、运用信息技术以及组织小组活动。项目的若干部分可以通过涉及诸多方面的网络学习展开。网络学习可以被设计用来收集学员在完成计算机辅助练习后所取得的成果。实际上，自动收集学习成果为教官发现重复错误提供了某种实证基础。

远程网络学习已经取得了可喜的发展。一般认为，让员工为了学习脱离日常操作活动，是组织上做出的一种牺牲。同样的，远程旅行会成为一种阻碍。例如，当某个培训活动涉及好几个国家时，情况尤其如此。不过，这种形式的培训课程仍有必要在警察培训项目内找到一席之地。尽管网络学习作为一门培训技术呈扩散趋势，但仍须在现场和网络课程之间取得一种有效的平衡，尤其是在考虑训练的社会作用时。

### 6.5.3 训练

一个训练项目必须包括模拟真实情境的训练。经验已经表明，扎实地建立在真实案例基础上的情境更为可取——一个具有充分复杂性的情境几乎是不可能凭空搭建起来的。不过，情境的复杂度必须符合时间限制，训练要提前进行仔细测试。

一个单一的情境可以被用来将行动链条中的各种元素汇集在一起。例如，车辆偷盗的情境可以按照下列次序逐步进行搭建（表6.1）。

**表6.1　车辆偷盗情境**

| 训练素材 | 训练步骤 | 教学目标 |
|---|---|---|
| 车辆偷盗的肇事者已被逮捕，并且在他的车里发现了一些物品（提供清单） | 根据对情况的描述，选择所要采取的行动 | 理解如何应用行动链条帮助构建调查方法（见第二章，行动链条） |
| 其他同一时期发生在该地区的相似案例 | 评估该问题 | 学习如何寻找信息：明确要求和需要（见第二章，决策） |
| 担任分析员的角色 | 生成概要介绍（谁、什么、哪里、何时、怎样和什么、为什么）/地图/年表（大事记） | 理解情报循环周期（见第二章，信息） |
| 组织决策会议，对所分析的问题作出回应 | 准备房间，分配角色，执行会议（决策）并且拟定指令 | 学习如何准备简报（见第三章，结构），制定可能的行动与战术，部署资源（见第二章） |

不仅将每一步骤的目标（与理论背景相符合），也将训练时间、范围和组织详细地解释给参训者。当组织小组作业时，诸如头脑风暴（第二章，决策）等方法可以被应用到若干步骤中。有多种讨论命令和领导权问题的可能性（第四和第五章）。每一步骤一旦完成，召开全体会议，让参训者展示他们已经完成的工作（否则，缺乏他人认可会导致挫折感和疏离感），借此可以在会议上对该步骤作进一步思考。

### 6.5.4　其他

由于上述不同原因，为从警学员设计的课程应尽可能是互动式的。作为主持人，培训者的角色是重要的，其目的是保持对局面的控制并允许充分参与。

从这个方面来说，认真安排房间和作业小组是成功的关键因素。训练者应该小心以下情况的出现：即少数个人承担领导权，阻碍了其他人的积极参与。在授课过程中，可以不使用任何诸如手机甚至电脑等可能转移注意力的技术产品，这样通常可以使大家在培训期间注意力更集中、互动更频繁。

### 6.5.5 评估

一个项目是否实现了它的目标？它的结构体系是否适当？培训者的表现怎样？评估对于以课程为纲调整培训项目非常关键，可以采取若干方法。一般来讲，为了解决上述一部分问题，参训者要接受测试。不过，参与者也是实践者，他们之前已经积累了各种形式的评估和评价的重要经验。目前有过于强化控制和评估的趋势，这隐含着对于参训者专业程度的怀疑。一些测试被更多地理解为是一种满足正规资质要求的借口（而不是提供实实在在的附加价值），或是出于监督和行使权力的目的。妥善选择参与者、营造一种增强参与者信心的积极氛围，可以在授课过程中促进参与和交流，该方式比系统化测试更为有效。

然而，测试也有一个有利方面，即让培训者了解参训人员对于概念是否已经理解，以及重要信息是否已经被充分传达。可以用这种方法发现项目设计或教学法选择方面的薄弱点。不过，在全体会议以及训练过程中所收集的资料一般可作为充足的经验性材料，用以评估重要信息的接收情况，并向参训者提供集体或个人的反馈意见。评估一个训练项目的另一种方式是由参训者在活动结束后立刻完成一份调查问卷。一份调查问卷通常会针对某个课程的诸多方面，并以既定的目标为导向。在任何专业的授课环境下，一般都可以使用调查问卷。参训者匿名回答以下问题：

- 该课程是否实现了你的期望？
- 课程目标是否被很好地界定？
- 该课程是否架构合理？
- 该课程是否适合参训者的水平？
- 该课程是否讲授清晰（教学法、教学支撑手段、技术）？
- 该课程的优点和缺点是什么？哪些地方需要改进？

同时，分析这样的调查问卷存在诸多局限。的确，由于经验来自个体在一个个案例基础上形成的态度，因此结果不免有失偏颇。因而，参训人员对于项目的正面评价或许意味着课程传授的知识强化了真实的实践经验，而并非给予了某种重要的启示。相反，负面的评价也可以反映出对于以下观念的抵制，该观念是：为了改变既有态度，常需要付出额外努力处理日常实践中的复杂任务。

## 6.6 总结及要点

- 培训关乎每一个人，而且可以组织培训活动使其达到促成互育合作和培养良好意识的目的，让参训者领悟到决策使警务工作有机统一。
- 决策的培训不应该以加强实践活动为目标，而是旨在转变态度。
- 理论与实践应该保持平衡，即使参训者要求更多的“实践”。
- 网络学习可作为有用工具辅助部分训练项目。
- 良好的培训要求做好全方位的准备工作。
- 虽然建议仔细评估参与者和项目，但这么做可能会产生不良结果。

# 7 结 语

选择决策过程作为本书的主要话题是因为它是管理警察组织和实施其行动的关键机制之一。要使决定有效，就必须为已得到确认的问题提供答案，调动必要的手段并对其进行合理的部署。决定不是凭空做出的，它是特定结构所包含的某一过程的一部分，由人（包含着制约因素）来执行，受已有资源、情报、时间和与规则相关的限制，容易受到来自内部和外部的影响。这就是为什么本书用特定的章节阐述决策的环境：结构、领导、指挥机制和培训。

书中曾多次提及军事和商业界，因为他们在很大程度上影响着警察机构管理行动和行政问题的方式。然而，人们不应该认为军事上采用的方法和领导风格可以移植到警务环境中来。由于形式、制约条件、法律框架、人与社会的发展变化状态不同，这些方法需要改进才能适应警察的需要。

贯穿本书的主要话题是：使用合理的方法有助于提高命令的水准，使之不至于陷入混乱状态；此外，人的因素即便不可预测，如果按照清晰的方法论加上恰当的领导，也可以使其变得更加可靠。全书强调了连贯一致的重要性：系统各因素之间的一致性；处理问题方法的一致性；目的、方法、手段之间的一致性；形势与相应的结构、领导、指挥风格和过程之间的一致性。

本书将大量的注意力放在情报上，因为在过程的每个特定阶段，情报在提供决策元素、在突出选项，以及在监控和评估随后的行动方面起着非常重要的作用。警察使用情报是为了在司法调查过程中重现过去，为了监控正在进行的活动。正在发生的前景看好的新变化有助于警察更好地为自己的努力找准目标，并更有效地部署资源和更准确地识别影响犯罪演变的趋势与起因，以便制订恰当的解决方案。

本书在决策阶段既强调了方法论的问题，也突出了人为因素的干预。后者既可能扭曲，也可能支持决策过程。隐蔽的陷阱（偏见、倾向、个人爱好），或蹩脚的领导，可以对结果——无论积极还是消极的——产生重大影响。本书还特别强调了在决策、资源部署和战术运用之间取得一致的重要性。决策和实施的成功与这些过程发生于其中的总体框架有关。因此，为了做出必要的改变，负责任的管理者必须透彻地分析他们的组织及其机制。

出于这种原因，有必要在结束语中强调对变化的管理问题。技术上的变化容易，这是普遍的共识；如果引进一种新式武器，警察不久就会使用。相反，由于需要改变工作习惯，涉及程序的变化更困难，耗时更长。最困难的变化涉及结构和政策；他们影响到组织成员工作的环境和完成任务的方式。这样的变化可能会令人感到不安，以至于他们对个人在组织中的地位，甚至是未来都构成很大的不确定性。落实这样的变化所需要的时间很长——数月，甚至数年。基于此原因，本书用了一个章节撰写有关培训的内容，这一方面是所有改革的一个基本要素。

在书中，我们试图尝试研究出一种综合的方法，将决策过程置于更广阔的背景之下。这种方法事实上要求非常高，因为它需要警察组织去应对很多问题，以便建立高效的决策过程。但是，我们坚信这些变化能够极大地提高警务工作的水平。

# 译后记

2013 年开始，“中国人民公安大学外国警学译丛”项目中由我主持《Decision Making in Policing》一书的翻译工作，我与几个志同道合的同事一起组成翻译团队，分别是曾玛丽、王海涛、张伟珂、朱群四位教师和我。我们五人翻译团队中，曾玛丽、王海涛是专业英语教师，有着精深的英语水平，张伟珂、朱群和我三人属于公安学科专业教师，所以，我们坚信这样的翻译团队定能高水准地完成本书的翻译任务。

翻译工作启动不久，我即赴美访学。审稿、修改等工作便一股脑儿地由曾玛丽老师负责，曾玛丽老师的认真、严谨和对学术精益求精的态度令我们内心十分敬佩！另外感谢王海涛、张伟珂、朱群三位年轻有为的教师的辛勤工作，他们承担了本书相当大一部分的翻译工作！同时，感谢原书作者之一奥利弗·雷布（Oliver Ribaux）先生在翻译时给我们提供的著作之外的信息，使得我们能够更好地理解原著！感谢中国政法大学的王元风老师，为我们与原书作者奥利弗·雷布（Oliver Ribaux）先生的联系搭建桥梁！

本书作为我们五人翻译团队的合著，每人的翻译工作具体是：曾玛丽（作者介绍、目录、引言、第一章、第五章、第七章）；张伟珂、朱群（第二章）；王海涛（前言、序、第三章、第四章）；李春华（第六章）。

我们希冀本书无论在理论方面还是实战演练方面都能为警察学与警务工作提供有价值的参考，并能以此为国内相关领域警学研究的发展和警务卓越人才的培养助一臂之力！翻译工作是一种再创造，尽管我们几易其稿，但每次总能发现需要再修正的句子或章节，没有最好，只有更好，因而错误与不当难免，敬请读者批评指正！

最后，感谢中国人民公安大学出版社及其为本书付梓出版的几位编审，从沟通版权到耐心地等待我们付稿，始终鼎力支持、相助，使我们的翻译工作最终得以完成！

李春华

2016 年 4 月于中国人民公安大学